グッとくる鉄道

見て乗って感じる、胸騒ぎポイントガイド

鈴木伸子

もくじ

Chapter2

眺めまわす、カッコイイ車両

五反田駅近く、目黒川を渡る山手線

まえがき

いかにして鉄道に目覚めるか？　東京で

——「クモハ」と「モハ」と、「ナハネフ」と

鉄道は都市を構成する重要な要素。そして、東京のように、地上を山手線の電車が環状運転し、地下鉄が網の目のように広がり、私鉄の通勤電車が数え切れないほどの人を運んでいるような世界的大都市は、まずないのだそうだ。それも、定時の正確無比なダイヤで。さらにこの東京には、新幹線や、各地方を結ぶ特急列車も無数に集結して来る。これは、鉄道に興味を持ち、それを趣味とするのに絶好の条件だ。

男の子はみんな鉄道が好きだ。幼稚園の頃、神田万世橋の交通博物館に行っ

た。そこでは、友だちのマキちゃんの弟のヒロくんが極度の興奮状態に達し、妹と二人姉妹で育った私は、男子とはこういう鉄道のようなものでこれほどの感動に及ぶのかと、幼心にも深い印象を刻んだおぼえがある。

その後、私が少女となりものごころついた頃には、「鉄道ファン」とは忌み嫌われる存在だった。アポロキャップをかぶり、単独行動で友達がいなそうな雰囲気。駅のホームや踏切脇で電車に向かって長いズームレンズを向け、いわゆる「おたく」的なにおいを振りまく……。全国の鉄道マニアの方々、ごめんなさい。でもこれは、高度成長期にジャパン・アズ・ナンバーワンの階段を駆け上がろうとしている日本の中心・東京における揺るぎない価値観であったのではないだろうか。そして、「電車くん」「鉄っちゃん」はヤバイというのが、私たち女子の確固たる共通認識だった。

ところが不思議なことに、それから数十年(?)後、アラフォーとなった私はいつの間にか女子の鉄道愛好者となっていた。そしてまたさらに不思議なことに、この不況下の日本は、いつの間にか国をあげて史上最大の鉄道ブームになっていたのだった。０系新幹線やブルートレインの引退というと、テレビや新聞がこぞって報道し、にわか鉄道ファンまでもが東京駅や上野駅のホームに押しかけるようになった。そして旅好き、鉄道好きの女子が自ら鉄道愛好者であることを表明し始めた現象は、女性の社会進出と関係があるのかないのか、女性の男性化なのか……まあどうでもいいんですけれど。

鉄道紀行文学の巨匠・今は亡き宮脇俊三さんがおっしゃっていたことで印象に残っているのは、鉄道マニアになる人は「幼時から、良質な線路の傍らに生育し、日々通勤線から特急列車、貨物列車までを眺めて鉄道感性を養った人が多い」ということ。宮脇さんが少年時代を過ごしたのは、渋谷駅近くの山手線線路そば。都電の車庫も近く、すでに電化されていた山手線、それと競争しながら走る蒸気機関車などを日々眺めて過ごされたという。

であるならば、東京はやはり鉄道マニアにとって天国であり、日々の修業の場であるはず。この都会には、ＪＲの通勤電車も貨物列車も新幹線も、地下鉄も都電もロマンスカーも、鉄道よりどりみどりの世界が広がっているのだから。

いつもの線路を意外な車両が走ってくるのに出会う驚き、有楽町や日暮里の駅ホームで思いがけず新幹線の疾走を見た時の喜び、山手線で田端駅を通り過ぎて貨物機関車の汽笛を耳にした一瞬……。「鉄」に触発される機会は無尽蔵だ。

巨大な金属のハコがいくつも連なって、線路という軌道の上を進んでいく。大きいものが動く。人を乗せて、相当なスピードで。発車する時のモーター音、カーブを曲がる揺れ、駅の発車メロディや、ホームに入ってくる車両の警笛音。今では不肖・私も、駅のホームに立った途端、鉄道感性が全開になる人間へと変化した。東京ではどこでもすぐ近くに、さまざまな種類の車両が走っているから、乗って、見て、感じて、鉄道趣味にはすぐ参加表明することができるのだ。

＊　＊　＊　＊　＊　＊　＊

ある日、飲み会の日程を決めるべく何人かの友人で手帖を開いてにらめっこしていたところ、私に対して、「これって女子の手帖かよ?!」と驚きの声をあげた男がいた。

そこに書いてあったのは、中央線201系の編成。いわゆるオレンジ色の中央線が先頭車両から最後尾まで、どのように編成されているかのメモだった。クハ、モハ、サハという「記号」は彼の脳裏に深く焼きついたようで、その後一緒に山手線に乗ると、「スズキさん、モハってどういう意味? サハは?」と、ただちに私に鉄道的な問いを投げかけてくるのだった。にわか鉄道ファンとはいえ、それらに無難に答えた私は、以来、「鉄子（女子の鉄道マニア）」の烙印を押された。

子どもの頃から、山手線をはじめ、駅ホームに入ってくる車両の側面に書いてある「モハ」「クハ」などのカタカナや数字は、永遠の暗号と思えた。しかし、それをいつか自分で積極的に解読しようとする日がくるなんて……。

世の中のほとんどの人たちは、中央線の十両編成の車両も、山手線の十一両編成の車両も、すべて同じ種類のものが連なって走っているのだと考えているらしい。そして私自身も、つい最近まではそう思っていた。

二〇〇七年に閉館した神田万世橋の交通博物館には、「鉄道車両はすべて電車なのか？」という、すばらしい「展示品解説シート」があった。これを手に入れた十年ほど前から、突如、私の「モハ」「クハ」の解読熱は高まった。

そこには、鉄道には電気で走る電車のほかに、ディーゼルや蒸気などの動力で走るものがあること。車両には旅客と貨物の別があること。車両には動力（モーターやディーゼルエンジン）がついているものとついていないもの、運転室がついているものなどさまざまな種類があって、それらが組み合わさって、一編成の列車が構成されていることなどが、わかりやすく書いてあるのだった。そしてそこには、私が永年ナゾとしていたクハ、モハ、サハなどの「暗号解読表」まで載っている。それを見ると「ハ」は客車、「ク」は運転室がついている車両、「モ」はモーターのついている車両、「サ」はどちらもついていない車両ということがわかった。

恐らく、交通博物館に来た多くのおかあさんは、「ほら、電車がいっぱいあるわね、すごいねえ」と、子どもたちに歓喜を呼びかける声をかけていたに違いない。鉄道の専門家である学芸員の人たちは、「全部が電車なわけじゃないんだよ！ 蒸気だってディーゼルだって、貨車だってあるんだよ！」と日々イラついていたに違いないのだ。

その交通博物館はなくなり、今はさいたま市大宮に鉄道博物館（150ページ参照）がある。以前、私に「クハ」や「モハ」の基礎を教えてくれた車両も、ここに移転し展示されていて、「マイテ」や「ナデ」「レムフ」など、初心者には解読困難な歴史的車両も並んでいるのだが、そのなかに「ナハネフ」という、まさに暗号のような一台がある。これは要するにブルートレイン寝台特急「あさかぜ」なのだが、「ナ」は車両の重さ（27・5t以上32・5t未満）、「ハ」は普通車、「ネ」は普通寝台車、「フ」は緩急車《かんきゅうしゃ》（車掌室がある車両）ということで、青いボディのわき腹には、B寝台緩急車の暗号「ナハネフ」を刻印されている。こういうごつい難問を見ると、鉄道ものしり博士への道は遠く険しいことを思い知る。

近頃は山手線に乗っても、今乗っているのが、「モハ」か「サハ」か気になる日々。モーターがついていない車両はついている車両と乗りごこちが違うか、クモハからクハが主流になったのはなぜかなどを考え始めて、自分なりにも、かなり熱中度が高まってきたような気がするのだが。

若輩者の私でさえこうして日々意識を高め、感性を研ぎすませていると、通勤電車が走ってくる姿さえ愛おしく思えてくる。電車も駅も、山ほどあるこの東京で、あなたも鉄道趣味という世界に足を踏み入れてみませんか。

chapter 1
鉄道の重量感・疾走感を味わう

カーブで感じる

山手線、中央線、地下鉄……。都心を走る鉄道にはカーブが多い。明治以降、すでに市街地になっているところに線路を敷いたのでそうなった、という事情もある。そしてまた都心のターミナル駅を出発して郊外に向かう小田急、東急、西武などの私鉄電車も、新宿、渋谷、池袋といった巨大ターミナル駅を出ると、いきなり急カーブを曲芸のように曲がり、郊外に向かって邁進する。

山手線の池袋から大塚に向かう途中の大回りな曲線。中央・総武線の代々木－千駄ケ谷間のけっこう急な曲がり角。そして常磐線が日暮里から三河島に向かう途中の急旋回とも言える角度。都会のカーブはさまざまで、どれもそれぞれの味わいがある。これこそ、意識しなければどうでもいいようなものなのだが、各鉄道線路のカーブがどこにあり、それが右カーブか左カーブか、走行音がどのような味わいを持つかなどを検証しだすと病膏肓に入るというもの。

カーブとは何か？　まずは車体が傾き、車輪が軋み、架線の摩擦が激しくなる。いつものガタンゴトンという走行音に加えて、ブレーキ音や、線路と車輪の金属音が輻輳し、当然ながら走行スピードは落ちる。そこで車窓からの景色の変化や、最後部の車両から曲がりゆく前方車両の湾曲を眺めるのも一興だ。

都内でも有数の急カーブは、中央・総武線の飯田橋駅付近。「ここは300Rのカーブと言いましてね……」と、その急角度を、微に入り細に入り説明してくださったのは、実は鉄道マニアらしい建築家の老紳士。300Rとは、半径300メートルの円周の湾曲ということだ。山手線などの、一両20メートルの長さの通勤電車車両が曲がることができる最急曲線らしい。「その急カーブに100キロ以上の猛スピードで突っ込んだから、宝塚の福知山線の脱線事故が起きてしまったんですよ……」。

スピードの速い列車は、曲がれる角度も限られている。東海道新幹線は最高速度270キロ、山陽新幹線は300キロなのは、山陽新幹線の線路のほうがカーブがゆるやかに設計されているからなのだとか。カーブと鉄道の速度には密接な関係があるわけだ。

最近「フランジ音」という用語を知った。それは、車両がカーブに差し掛かると聞こえてくる「ツツツーッ」と「キーッ」という音の入り混じったような音のこと。これは車輪と線路が摩擦する音で、フランジとは、脱線を防ぐために設けられている車輪のふちの出っぱりのことなのだ。私が鉄道のカーブにおいてもっとも魅力的だと思うのがこの音だったのだが、それを言い表す言葉が実際にあるのを知って、なんだかうれしくなった。

今、車両がカーブを通過しているかどうかは、このフランジ音が聞えるかどうかでわかることが多い。車窓からの景色が真っ暗な夜や、地下鉄の車内でもフランジ音が聞こえると、脈拍数が上がるのを実感する私は、かなりのカーブ・フェティッシュだ。

もうひとつ私が注目しているのは、ターミナル駅近くの私鉄電車が、駅を出るとすぐに遭遇する急カーブ地点。始発駅では山手線と平行に走っていたはずの私鉄電車が、いきなり直角に近い角度を曲がってJR線路を越え、郊外へと旅立って行くのは見ものだ。そのなかでも、東急東横線と西武新宿線の曲がりっぷりはすごい。東横線は、渋谷駅から渋谷川沿いの古ぼけた街並みに沿ってゆるゆると進み、いきなり急なカーブを曲がって山手線の線路上を越えていく。一方の西武新宿線は、高田馬場駅を出て神田川を渡りながら下落合方向に向から途中にある急カーブを、急勾配を下りつつ進んでいく。どちらもちょっとした鉄道スペクタクルの域に達していると確信するのだが、この鉄道名所はビルやガードの橋脚、そして道路によって死角になっていて、どこからもよく見渡せない。乗って、車窓から見て、体感するしかない場所なのだ。

飯田橋駅ホーム、新宿方面行き

都内急カーブポイント

◎飯田橋

飯田橋から水道橋にかけての３００Rの大きく急なカーブ。駅ホーム、特に新宿方面の中ほどは、カーブのため、電車とホームの間が大きく開き、かなりの危険地帯だ。

中央線がフランジ音をたてながら通過してゆく

◎三河島

日暮里ー三河島で常磐線は、大型ヘアピンカーブともいうべき曲線を延々と曲がってゆく。その角度は２５０R～４２０R。とにかく「曲がり続ける」ということですごいカーブ。

常磐線、日暮里ー三河島間のカーブ

◎浅草

隅田川を渡っての浅草乗り入れを望んでいた東武伊勢崎線が与えられた浅草駅の用地は川沿いの細長い土地だった。そのため駅を発車して100Rで急カーブするしかなかった。

東武伊勢崎線、浅草・隅田川橋梁手前の急カーブ

◎京急蒲田（京急空港線）

京急空港線が京急蒲田駅を発車してすぐに差し掛かる第一京浜の踏切では、80Rの急カーブが道を斜めに横断してゆく。

この踏切は高架線路の完成後になくなる

◎鶯谷

環状なのでカーブの多い山手線のなかでももっとも急なのが、鶯谷駅を出てすぐの上野方向の内回り線のカーブ。310R。

鶯谷駅先端から見た上野方面

山手線内回りでもっとも急カーブとなっている

私の好きな、具合のいいカーブ

◎池袋ー大塚（山手線、湘南新宿ライン）

ゆるゆるとした大きなカーブは、曲がってゆく時の浮揚感が心地いい。

池袋ー大塚間の大きなカーブ

◎駒込ー田端（山手線、湘南新宿ライン）

山手線と湘南新宿ライン（山手貨物線）が交差しつつそれぞれ別方向に曲がってゆくダイナミックなカーブ。その先に全然別の風景が開けているところも、すごい。

◎目黒ー五反田（山手線、湘南新宿ライン）

雄大な弓形カーブは、走行時の音もいい。線路の周りの景色が開けているので、後方車両の車窓から先頭方向に曲がってゆく車両を見るという楽しみもある。

◎大崎ー品川（山手線）

大崎駅を品川方面に向かう内回り電車は、駅を出るとしばらくして大きなカーブを曲がるが、運がいいと右側の線路に新幹線がやってくる。この、突然新幹線が現れるというシチュエーションが最高。

◎御茶ノ水（中央・総武線）

水道橋から、中央線と総武線の電車は複雑に交錯しながら御茶ノ水駅へと至る。その巨大な電車が芋虫のようにカーブを走る区間は、眺めていても乗っていても楽しい。

御茶ノ水駅ホームに入る直前の中央線は、蛇行しながらやってくる

◎代々木八幡（小田急線）

意外な地点での意外な急カーブ。駅の前後ともカーブしていて、ホーム自体も激しく湾曲している。

代々木八幡駅前の踏切は、カーブの中間あたり

私鉄がJR線路を越える、ターミナル駅近くの急カーブ

◎東急東横線・渋谷

渋谷駅から渋谷川に沿った高架をのろのろと進んでいく東横線。ちょうど並木橋あたりで右に大きく曲がり、山手線線路上を越えてゆく。

渋谷を発って山手線上を越える東横線

◎西武池袋線・池袋

西武池袋線は池袋駅を出た途端右に急旋回し、山手線線路上を越える。進行方向左側には、山手線目白駅と新宿の超高層ビル群が見えて、いい眺め。

西武池袋線は池袋を発ってすぐに山手線を越える

◎西武新宿線・高田馬場

高田馬場の隣り・下落合駅からやってくる西武新宿線は、踏切を渡ったあと急カーブを曲がりつつ、いきなりの急勾配を上り始める。JR山手線をくぐったあと神田川を高架鉄橋で越え、それでもまだ勾配を上り続ける、まったくのど根性野郎。

◎京浜急行・品川

品川駅を出ると、すぐに電車は斜めに曲がり、緑色の八ツ山跨線線路橋を渡る。橋下は、山手、京浜東北、東海道線、横須賀線、そして東海道新幹線が行き交う一大鉄道パノラマ。その先にさらに踏切があるのも、ポイント大。

八ツ山跨線線路橋でJR線路上を渡る

◎京成線・日暮里

日暮里駅から上野に向かう京成線は、駅を発つと急勾配を上り、ＪＲの10本の線路の上を斜めに跨いでゆく。隣り合う跨線橋の上から、この景色を眺めるのがベスト。

日暮里—上野間の京成線とJR

その他のカーブいろいろ

上・飛鳥山下の直角カーブを曲がった都電／下・小田急線新宿—南新宿駅間。ロマンスカーVSE

上・京成線町屋駅。カーブしながらホームに入ってくる／下・東急世田谷線、下高井戸駅付近

都営三田線、蓮根—西台

千住大橋から見た常磐線、日比谷線、つくばエクスプレスの隅田川橋梁

鉄橋

恐怖を呼ぶ轟音、さわやかな川景色

時々、鉄橋で川を渡るのを目的に都内の鉄道小旅行に出かけることがある。その場合の行き先は、断然東京の東側。隅田川、荒川、中川、新中川、そして江戸川……。京成本線と総武線が私の最愛用路線だ。

同じ隅田川を渡るのでも、総武線両国駅近くの鉄橋と、京成線の千住大橋駅近くの鉄橋では、同じ川とは思えないほど景色が違う。隅田川を渡る電車としては、東武伊勢崎線もいい。始発の浅草駅からいきなり90度近くと思える急カーブを曲がり、ゆっくりゆっくり川を渡る。この時のスロースピードは、隅田川沿いの景色が沿線一のハイライトであることを誇示しているかのようだ。最近では対岸に東京スカイツリーが徐々に建ちあがり、この風景にまたひとつの名所的価値が加わってきた。

知り合いの本格的鉄道マニアUさんは、かなりの「音鉄」だ。電車がカーブを走行する時のフランジ音、駅の発車メロディなど、その鉄道周りの音に対する感性に私は一目置いているのだが、彼が特に賞賛しているのが総武線隅田川橋梁を電車が渡る時の轟音。この鉄橋のように、橋の直下からレールが見透かせる構造であると走行音が大きくなり、さらに橋のアーチ部分に音が反響してこだまするのだとか。「音鉄」氏の分析は理論的である。

この轟音に着目して鉄橋めぐりをすると、たちまちのうちにその魅力に開眼する。荒川や多摩川の広大な河川敷に降りて鉄橋の真下で列車を待ちぶせると、行き過ぎていく電車の迫力ある走行音に圧倒される。総武線の荒川橋梁の真下では、快速電車が猛スピードで行き過ぎ、その轟音には恐怖を感じるほど。怖いけれどここを立ち去りたくない、もう一度電車が通り過ぎるのを待っていたい。そんな一種変態的な鉄橋轟音の虜になってしまう。

最近気づいたのは、埼京線の鉄橋から見える川景色がとてもよいこと。赤羽の先から埼京線は、東北上越新幹線と並んでトンネルをくぐり、北赤羽、浮間舟渡、戸田公園などの駅を経由してゆく。途中北赤羽駅からは新河岸川が見えて、浮間舟渡駅の先には、広大な荒川を渡る鉄橋がある。この橋近くには、昭和の昔風な「第一硝子」の工場があって、その煙突からもくもくと煙が上がっているのを見るとなんだかうれしくなる。川のそばに工場があって、それが精一杯働いているのは、なんて〝正しい風景〟なのだろう。そして新幹線と埼京線が長い長い橋上で行き交う景色は、河川敷から眺めるとちょっとした見物だ。

北千住駅の先の荒川河川敷は、常磐線、千代田線、つくばエクスプレスの三線の鉄橋が並んで架かっているという東京の「鉄橋名所」。そのさらに下流側には東武伊勢崎線の鉄橋も架かっている。私が川原でこの鉄橋群と行き交う電車の写真を撮っていると、通りがかりのおじさんに「何を撮ってるの？」と、たて続けに聞かれる。千住あたりでは、鉄橋も電車も日常風景になっていてめずらしくないのか、鉄橋の写真を夢中で撮っている女がめずらしかったのか？

こうして隅田川、荒川、江戸川と鉄橋行脚を続けてきたが、一方で東京の西には多摩川という大きな川も流れている。やはりこちら側も制覇しなくてはと、京急線、東海道線、横須賀線、新幹線、東横線の鉄橋と、下流から順々に出かけていく。地図を見ると、多摩川は、荒川や江戸川のように南北に東京を貫いているのではなく、東西方向に流域が広がり、川幅も広くなったり狭くなったり。その鉄橋行のなかでも、京急線六郷土手駅、そして東急多摩川線沼部駅近くの河川敷が、私がもっとも感激した多摩川鉄橋ハイライトだった。

六郷土手駅は、ホームの端がすでに京急線の鉄橋になっていて、その向こうにはJRの東海道線鉄橋も見渡せるというグッドロケーション。河川敷に立つと、両方の鉄橋に次々に電車がやってきて、興奮が高まる。そして何より、ブルーの鉄橋に京急の赤い電車の色合いがいい。鉄道というハードな装置と、この色合いのかわいらしさのミスマッチにはグッとくるものがある。

そして、さらにおすすめなのが多摩川線の沼部駅近くの、多摩川河川敷から見る東海道新幹線の鉄橋。広大な緑地を越えて多摩川の水辺にまでたどり着くと、N700系や300系の新幹線が川を渡ってくるのを、本当に間近で見られる。新幹線は隣りを走ってくる横須賀線や湘南新宿ラインとはスピードも走行音も違って、悠々としたものだ。ここは東京でもっとも、その超特急としての風格を感じられる場所となっている。

六郷土手駅近く、多摩川河川敷から見た京急線多摩川鉄橋

眺めていい、渡っていい鉄橋

1

2

36－37ページの写真はすべて荒川の鉄橋。1.北千住駅から近い荒川河川敷では、千代田線、常磐線、つくばエクスプレス、東武伊勢崎線という鉄橋バラエティが繰り広げられている　2.北千住、東武200形の特急

3

4

5

6

3.東武伊勢崎線堀切駅からすぐの京成線の鉄橋を川辺から見る　4.3と同じ京成線の鉄橋　5.平井ー新小岩間に架かる総武線の鉄橋　6　3，4と同じ京成線の鉄橋。荒川に架かるこの長大な鉄橋は、部分により、眺める位置により、さまざまな表情を見せる.

■荒川

◎北千住

常磐線、千代田線、つくばエクスプレス、東武伊勢崎線と、4つの鉄橋が密集するポイント。東武線の鉄橋には、愛称「スペーシア」の名で人気の特急など、常磐線には貨物列車などもやってきて、質、量ともに見応えのある車両群が眺められる。北千住駅西口から宿場町通りを北へ、徒歩約10分

◎堀切《京成本線荒川橋梁》

広い河川敷と長い川幅を渡る鉄橋は、眺める場所によって違う橋のように見える。昭和6年築の歴史的鉄橋。東武伊勢崎線堀切駅徒歩3分

◎平井ー新小岩《総武線荒川・中川橋梁》

荒川と中川両方を渡ってゆく長い長い鉄橋。鉄橋下から総武線線路を眺めると、幾何学的なデザイン美。この下で電車の通過音を聞くと、豪快だがリリカルな気分を味わえる。総武線平井駅徒歩10分

■隅田川

◎両国

《総武線隅田川橋梁》

昭和7年、モダン東京に完成した、当時最新の技術で建設された橋。堂々としたアーチ橋の姿は、隅田川の鉄道橋としてベスト1だと思う。総武線両国駅徒歩3分

◎浅草

《東武伊勢崎線隅田川橋梁》

昭和6年、当時東都随一の盛り場だった浅草に出現した鉄橋。隅田川と墨堤の景観を損ねないことを条件に設計されたので、橋自体のデザインは地味だが、東武線車窓から見る川景色は極上。東武伊勢崎線浅草駅徒歩1分

千住大橋から見た常磐線隅田川橋梁

両国で隅田川を渡る総武線

浅草、東武伊勢崎線隅田川橋梁

東海道新幹線多摩川橋梁

■多摩川

◎六郷土手

《京浜急行多摩川鉄橋、東海道線六郷川橋梁》

京浜急行六郷土手駅前は、京急とJR東海道線の線路に挟まれた鉄橋の町だ。河川敷の二つの鉄橋の間には広々とした児童公園があって、行き交う電車も、その楽しい遊園地の一部のように見える。京浜急行六郷土手駅徒歩2分

◎沼部

《東海道新幹線、横須賀線多摩川橋梁》

東急多摩川線の小さな駅を降りて踏切を渡ると、その先に突如広大な多摩川河川敷が広がり、新幹線が走ってくるのが見える。その風景の意外な展開がおもしろい。新幹線の16両という長編成が一望に見られるのも魅力。東急多摩川線沼部駅徒歩2分

六郷土手駅ホーム端から。多摩川を渡ってきた京急線と向こう側には東海道線

湘南新宿ライン

東京を駆け抜ける

都心を走る山手貨物線の線路を経由して、高崎線・宇都宮線と横須賀線・東海道線を直通運転しているのが「湘南新宿ライン」（山手貨物線とは、山手線と隣り合っている複々線の線路）。渋谷から大宮に、池袋から逗子に、乗り換えなしで行けるのがとても便利だ。

私は特に湘南新宿ラインの大崎—赤羽間が好き。ふだん山手線に乗りなれている身には、いつもの勝手知ったる駅をびゅんびゅん飛ばしていくのは、すごい快感だ。昭和の時代には貨物列車が走っていた線路は、山手線とほぼ隣り合っているとはいえ、ところどころに踏切やトンネルがあったり、要所要所で山手線と立体交差したり、鉄道ならではの装置を都心で各種堪能できるところが醍醐味となっている。

特に気に入っているのは、田端のトンネル。駒込から田端に向かって山手線は急傾斜を上り、隣りあって走っていた湘南新宿ラインは、左急カーブを描いて、その山手線線路下をくぐってトンネルへと入っていく。内部で線路はさらにカーブを描き、暗いトンネル内に車輪と線路が摩擦するフランジ音が響く。ここはかなり鉄道的興奮が高まる地点だ。

踏切は、代々木と目黒、赤羽にある。代々木駅近くの青山街道踏切はけっこう大きな踏切で、遠景には新宿駅周辺の高層ビルや代々木のドコモタワーが見え、こんな場所にJRの踏切があるのに驚く人もいるだろう。まわりには、季節の花が咲いていたり雑草が茂っていたり、ちょっと田舎の線路沿いみたいな趣きもある。そして、この踏切の最大の魅力は、ここが鉄道三角地帯となっていること。地上を走る山手貨物線の線路、高架上を走る山手線と中央・総武線の線路が三角形を形づくっていて、踏切の遮断機前にいると、三方を線路に取り囲まれることになる。そのすべてに電車が走ってきたところに出くわしたら、これはなかなかすごい鉄道風景だ。

恵比寿と目黒の間にある長者丸踏切も、なんだか田舎っぽい風情のあるところで、とてもいい。昔のままの風景が変わらず残っているような場所だ。ここでも、すぐ目の前の高架線の上を山手線が走っていくのが見える。

湘南新宿ラインは、ほとんどが十五両編成。編成が長いところも、この路線の魅力の一つだ。東海道線、東北線、常磐線、横須賀線の快速など、十五両編成でグリーン車を備えている路線はＪＲにもそのほか各種あるのだが、この長編成の列車が、新宿や渋谷という街を走る姿は、都心をすり抜けていく大きなヘビのようで貫禄がある。ところによっては１２０キロのスピードで飛ばしている区間もあって、長編成とスピードは、鉄道がカッコよく思える要点なのだと改めて感じるのだ。

鎌倉や逗子に行く時などは、グリーン車に乗ってみることもある。グリーン車の二階席はいつもの車窓より見晴らしがよく、多摩川鉄橋からの眺めなど、特に美しく感じる。大宮に行く時は、いつも埼京線ではなく湘南新宿ラインだ。特に東北貨物線の線路に入ると、北へ行き来する貨物列車やスペーシアに出くわしたりもする。ちょっとした旅感覚を味わえるのが魅力なのだ。

一時期、この湘南新宿ラインの山手貨物線区間に乗ることのおもしろさに目覚めて、休日には都区内フリー切符を買って、赤羽－大崎間を一日に何往復もしていたことがあった。それも運転席の背後から、進行方向を凝視して、トンネルやカーブの出現をチェックしながら……。こんな状況では、なるべく知り合いには出会いたくない。そう、土曜日の午後、湘南新宿ラインの運転席に張り付いている変な女がいたら、それは私なのです。

この場所で、湘南新宿ラインを体感しよう！

田端のトンネルから出てきたところ

◎立体交差

赤羽ー大崎間で、湘南新宿ラインと山手線は、田端と恵比寿の2ヵ所で立体交差する。どちらの場所でも、山手線が急勾配を上ってゆき、その下を湘南新宿ラインがすり抜ける。特に、湘南新宿ラインの田端のトンネル通過時は、暗闇とカーブが交錯し、ミステリアスな雰囲気。

大崎駅。ホームではりんかい線と埼京線とトリオ

恵比寿—目黒間。高架上は山手線。ガードをくぐった向こうに長者丸踏切

代々木・青山街道踏切。地上を湘南新宿ラインや埼京線、高架上を山手線、中央・総武線がゆく鉄道三角地帯

◎踏切

代々木には既道踏切と青山街道踏切が、恵比寿には長者丸踏切がある。代々木の踏切は人通りが多く、山手線、総武線、中央線と、電車の往来がさかん。恵比寿の踏切は、駅から遠いこともあってひっそりとしている。

◎跨線橋をくぐる

湘南新宿ラインは、目黒の白金桟道橋と王子の飛鳥山下跨線橋という東京を代表する二つの優美な跨線橋をくぐっている。どちらも古いレールを再利用した歩行者用の橋。ただ、車内にいると、直下すぎて、橋の姿はよくわからないのだけど……。

目黒駅に近い白金桟道橋をくぐる

◎疾走

都心でありながら停車駅間が長いこともあって、けっこうな疾走感がある。池袋ー大塚や、五反田ー目黒のカーブも、山手線ではなく湘南新宿ラインに乗って体験すると、また別物に。運転席の速度メーターを覗き見ると、区間によっては120キロ出ているところも。赤羽から大宮までノンストップの東北貨物線区間では、直線区間が多いこともあってかなりのスピード。しかし、都心の曲がりくねった線路を、せいいっぱいのスピードで疾走している状況のほうに私はシビレル。

池袋駅の湘南新宿ライン。迫力の15両編成

目黒駅では、山手線ホームの一段下を通過

五反田駅で東急池上線駅下をくぐる

chapter 2

眺めまわす、カッコイイ車両

27T
高尾
TAKAO
7
JR

都心のオレンジ色とレモン色

オレンジラインの中央線快速とイエローラインの総武線は、都心で隣り合うルートを走る名コンビ。オレンジとレモンというのは私の勝手な解釈で、中央・総武のそれぞれのラインカラーは、オレンジバーミリオンとカナリアイエローというのが正しい呼び名らしい。

このオレンジとレモンは、代々木、千駄ケ谷、信濃町あたりでは、それぞれ独自の線路を別々に走っているのだが、四ツ谷あたりから途端に一体感をかもし出し、途中で線路を立体的に交差したりしながら、渾然一体のアンサンブル感を生み出していく。外堀や神田川の水景と、そのまわりを取り囲む樹木や草木の緑、そのなかを柑橘系の果実色のストライプ電車が駆け抜けていく。これを、都心の鉄道風景の醍醐味と言わずしてなんと言おう。市ヶ谷、飯田橋、御茶ノ水駅付近が、そのハイライト。

ひたすら直線コースだというイメージのある中央・総武線だが、地図を見るとそれは東中野以西に関してであって、新宿から御茶ノ水駅方向の線路は、かなり曲がりくねっている。明治時代に野原だった武蔵野にはまっすぐな線路を敷くことができたのだが、新宿以西はすでに立て込んだ市街地だったのでカーブが続く。

そのカーブは、大きなものだけでも代々木−千駄ヶ谷間、信濃町駅ホーム先の上り方向、四ツ谷−市ヶ谷間、飯田橋駅、御茶ノ水駅直前、神田駅付近。したがってカーブ・フェティッシュ族にとってこの区間の線路はかなりの魅力だ。特に中央線は駅間を飛ばす快速運転のため、列車のスピードも速く、カーブの曲がり方も大胆かつ繊細。なにより、この東京の「中央」を地下鉄ではなく地上の鉄道線路で屈曲して走ることがすばらしい。

市ヶ谷のお堀沿いの土手には、線路にかなり接近して松などの森林群が繁っている。以前、大雨で土砂崩れが起きてこの区間の中央線が不通になったことがあったが、それでもコンクリート土手になどしないところが賞賛すべき点だ。やはり、ここは都心JR線路のエリート区間なのだ。

信濃町、四ツ谷、市ヶ谷の坂道の多い街では、歩いていても中央・総武線の車両をさまざまなアングルで眺めることになる。線路から離れても、直近でも、そのさまざまな貌を発見する。信濃町の坂上から谷間を走る電車を眺め、飯田橋、水道橋の駅前では架道橋上の姿に見入る。そのガード下の轟音に聞き入るのもいい。

四ツ谷では、御所トンネルから出てくる中央・総武線に釘付けになる。赤坂御所地下を通る歴史ある御所トンネルを車両が行き来する姿は、地下鉄丸ノ内線の四ツ谷駅ホームの端からもよく見える。

御茶ノ水駅では、総武線の千葉方面行きホームの秋葉原側先端に行ってみる。ここは、神田川沿いに突如姿を現す地下鉄丸ノ内線に出会う地点でもある。神田川、聖橋と丸ノ内線の行き来をぼんやりと眺めるのもいい。

そして御茶ノ水は、三鷹からの線路を今まで一緒に走ってきた中央線と総武線が分かれる地点。秋葉原側の駅ホーム先頭では、中央線の線路上を、総武線がジェットコースターのような角度で急上昇して越えてゆく。

そんな都心のオレンジとレモンの車両と線路を堪能するには、なんとしても先頭車両に乗って運転席後ろに陣取ること。そして、各駅でホームの先端からの景色を眺めてみることだ。東京の真ん中の全然ちがう貌が見えてくる。

千駄ケ谷と信濃町の間の大番公園。猛獣たちと中央線

定番ビューポイント

◎千駄ケ谷ー信濃町
《首都高と並走する電車》

千駄ケ谷ー信濃町間では、首都高速４号新宿線を走行する車がひっきりなしに見えて、昭和30年代における近未来的景観のような味わい。背景には、昭和39年の東京オリンピックの会場となった体育館や競技場も見える。

信濃町駅付近。坂道の狭間から中央線が見える

千駄ヶ谷駅近くの桁下の低いガード

◎四ツ谷《御所トンネル》

新宿方向から来た電車は四ツ谷駅手前で暗闇に突入。このトンネルは、赤坂御所の敷地の下を通っているので「御所トンネル」と言われる。トンネルの入口は、三連であったり、煉瓦造であったり。新宿側の朝日橋という跨線橋上と、地下鉄丸ノ内線四ツ谷駅ホーム先端が、おすすめの展望場所。

四ッ谷・御所トンネル。朝日橋から（新宿側）

四ッ谷・御所トンネル。四ツ谷駅側

四ッ谷・御所トンネル。総武線の新宿方向行きの線のみ煉瓦造り。これがもっとも古くからあるトンネル

四ツ谷駅ホームの春

◎市ケ谷ー飯田橋

《外堀》

水と緑があふれ鉄道が行き交う、私が東京で一番好きな景色。市ケ谷駅ホームの目の前は水辺。駅ホームから見える釣り堀は、都心の名物。飯田橋駅前のお堀沿いにある「カナルカフェ」からは、中央・総武線とお堀の両方が見られて素敵。

市ヶ谷駅前の釣り堀

飯田橋駅前からの外堀の眺め

◎飯田橋

《300Rのカーブ》

牛込駅と飯田町駅を統合して、その真ん中に飯田橋駅を作ったため、線路が一番カーブしているところにホームができてしまった。この湾曲したホームから、車輪をきしませながらカーブを通過していく、中央線の姿と轟音を鑑賞すべし。また、駅東口のガード下で、同カーブのもう一つの貌を味わうのもよい。

飯田橋 300Rのカーブ

飯田橋のガード、「いいだべえ」

◎四ツ谷ー市ケ谷、水道橋ー御茶ノ水《立体交差》

市ケ谷ー四ツ谷間、水道橋ー御茶ノ水間では運転席の後ろに立って前方を見ると、電車が勾配を上り下りして線路を交差していくのがよくわかる。線路沿いの土手からその景色を眺めるのもいい。

水道橋駅、御茶ノ水寄り。
中央線上りはトンネルへともぐってゆく

◎御茶ノ水《神田川沿いのカーブ、ホーム先の分岐》

とにかくドラマチックな展開をしているのが御茶ノ水駅前後の線路まわり。水道橋寄りでは神田川沿いをうねうねと芋虫のように走り、秋葉原・神田寄りでは、総武・中央線はまたまた立体的に交差する。

聖橋を挟んで、中央線と丸ノ内線

交錯する中央線と総武線

踏切

もはや〝懐かしい〟風景

踏切が減っている。それは「連続立体交差化」という鉄道を高架化・地下化する事業があちこちで行われているからだ。中央線の三鷹以西、小田急線の代々木上原以西などで、そうした工事は粛々と進められ、それはそれでけっこうなことなのだが、長い間慣れ親しんだ踏切のある風景がなくなるのは、なんだかさみしい。そしてある日私は気づいた、今や踏切は懐かしさを感じさせる装置となっていることを。

踏切は鉄道好きにとって、常に気になる場所。最近夢中なのは、常磐線の金杉踏切だ。日暮里駅と三河島駅間の急カーブの途中に位置する比較的大きな踏切で、その急カーブと踏切というロケーション自体も魅力なのだが、踏切周辺には京成線と日暮里舎人ライナーの高架線路が入り組み、さらにラブホテルの看板が乱立。アジア的混沌のさなかにあるところが、この景色をますますディープにしている。踏切というものは、日本全国どこでも黄色と黒の、阪神タイガースの虎模様のような警報機と遮断機で構成されているものだが、それは、この金杉踏切のようなごちゃごちゃした街並みに絶妙にマッチする。

一方、草深いひなびた場所の踏切も味わい深い。恵比寿―目黒間の山手貨物線の踏切、と言っても、湘南新宿ラインや埼京線が頻繁にやってくる長者丸踏切は、都会の真ん中にあるとは思えないひっそりとした風情。電車に乗っていてもなかなか気づかないが、恵比寿か目黒の駅から、人通りのあまりないこの場所までとぼとぼと歩いてやって来てみると、その場の静かな磁力に気づく。

このほかにも、湘南新宿ライン線路沿いには、取り残されたような踏切がいくつかあって、それぞれに魅力的なオーラを放っている。

踏切で警報機が鳴り遮断機が閉まると、次なる期待は、どんな車両がやってくるかということ。その点、先の金杉踏切は、常磐線快速電車のほか、特急のスーパーひたち、フレッシュひたちなどさまざまな列車がやってきて、「電車の待ちぶせ場所」としても格好のポイントだ。常磐線には、この先の北千住駅手前にもすごい踏切がある。初めてこの場所に行き会った時、「こんな踏切が東京にあったなんて」と、そこに数十分佇んで、ひたすら行き交う車両を見続けていた。この北千住一丁目踏切の上空には、つくばエクスプレスと日比谷線の高架線路があり、そのまた向こうには東武伊勢崎線の大きな踏切が見える。なんなんだ、このダブル踏切、ダブル高架は!!

実際その踏切前にいると、スーパーひたちは来るわ、貨物列車は来るわ、東武線の踏切にはスペーシアなどの特急電車、東急田園都市線の乗り入れ車両、そして日比谷線の高架には東横線からやってきた東急車両と、めまぐるしいほどのバラエティに圧倒される。

商店街に踏切はよく似合う。小田急・井の頭線の下北沢、自由が丘の東急大井町線踏切、京王線下高井戸……、東武東上線大山や東武練馬、埼京線の十条などの駅前踏切では、警笛が鳴り遮断機が閉まると、その前に買い物客が群れる。線路に面した八百屋の軒先に商品が並び、マーケットや街路の間を電車が横切っていく。電車と踏切は、完全に商店街の一部だ。そんな街の風景は、しみじみと楽しい。

今の東京において踏切は、どうも昭和時代の鉄道遺産となっているらしい。なくなるはずがないと思っていた山手線目白－池袋間の長崎踏切も、いつの間にか消え去っていた。そんな時代、もうすぐなくなりそうな踏切めぐりをしておくのも、意味ある行動のような気がする。京急空港線蒲田駅近くの第一京浜を横切る巨大踏切、東急東横線代官山駅近くの小さなかわいい踏切も数年後にはなくなる予定。踏切追悼が今の気分だ。

ふみきり

東急東横線代官山駅近く。この踏切も、もうすぐなくなる

この踏切で電車を待ちぶせしよう

ＪＲの踏切の上には日比谷線、つくばエクスプレス。その向こうには東武線の踏切

◎北千住一丁目踏切

北千住駅直前のＪＲ常磐線の大きな踏切。目の前には東武伊勢崎線の大踏切もあり、その両方にさまざまな車両が次々にやってくる。さらに二つの踏切の間には、日比谷線とつくばエクスプレスの高架線があり、この踏切を渡ろうとする者をますます混乱に導く。北千住駅を南千住方向に徒歩３分

上・特急も貨物もやってくる
下・踏切が開くのを待っていると、東武線の踏切に特急が

◎日暮里・金杉踏切

こちらも常磐線の踏切。京成線の高架やラブホテルの看板が立ち並ぶごちゃごちゃした街並みのただなかにある。日暮里と三河島の間の急カーブの途中にある点も、ポイントが高い。スーパーひたち、フレッシュひたちなど、常磐線の各種車両が見られる。JR日暮里駅から常磐線線路に沿って三河島方向徒歩5分

カーブを曲がりながら常磐線がやって来る

◎代々木・青山街道踏切、厩道踏切

代々木駅前にある山手貨物線線路の踏切。湘南新宿ライン、埼京線、りんかい線への電車をはじめ、昼頃には人気の貨物機関車EH500も通過する。JR代々木駅徒歩2分

山手線のガード下から見える青山街道踏切

駅近くの厩道踏切

◎小田急新宿1号踏切

小田急線の新宿駅に一番近い大きな踏切。新宿駅を出て暗いトンネルをくぐってきた小田急線が突然顔を出すと、そこは踏切という立地。どんな車両が来るか直前までわからないというお楽しみ性がある。さらに、踏切の先は右カーブになっているので、去ってゆく電車のフォルムが美しいのが印象的。ロマンスカーの絶好の鑑賞場所。小田急南新宿駅徒歩3分、JR代々木駅北口徒歩3分

新宿駅を発ったロマンスカーVSEが顔を出した

◎京急品川第一踏切

京急随一の鉄道名所、品川の八ツ山跨線線路橋の先にある踏切。遮断機が上がってから踏切内の線路から見ると、通過していった上り電車が八ツ山橋を渡っていくところが至近に見えるのもいい。この踏切で上り下り電車がすれ違うことも多く、人気の撮り鉄ポイントともなっている。京急に乗り入れている都営地下鉄、京成、北総鉄道などのバラエティに富む車両がやってくる。京急品川駅徒歩5分

八ツ山跨線線路橋近くの京急品川第一踏切

山手貨物線・恵比寿ー目黒間の長者丸踏切

都電荒川線鬼子母神前。踏切前のやきとりの豊島屋は現在は移転

下北沢、小田急線の踏切。もうすぐなくなる

上写真の長者丸踏切から反対側を見る。山手線が勾配を上ってゆく

埼京線池袋ー赤羽間には踏切が多い。 板橋駅近くの第一雲雀ヶ谷（ひばりがたに）踏切。第二もある

目白駅ホームの先端は徐々に細くなっている

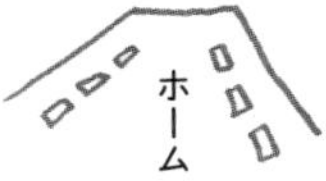

はじっこが特等席

ホームのはじっこに行くと、いろいろなものが見える。今渡ってきたばかりの鉄橋、駅直前で急カーブし交錯するレール、浜松町駅の小便小僧みたいなへんてこなオブジェ、ガードの下をくぐっていく都電……。そのことに気づいたのは、私の鉄道熱が高まってきた数年前から。以来、私はすっかりホームのはじっこマニアになった。

都内の駅でまず目指してしまうのは、新幹線と在来線が一緒に走ってくるのがよく見えるホーム端。休日の山手線駅では、鉄道マニアの方々や親子連れなど同好の士をよく見かける。東北新幹線を眺めるには西日暮里、神田などを目指すが、埼京線の浮間舟渡駅などという穴場もある。東海道新幹線は、有楽町駅から田町駅あたりまで、山手・京浜東北線の車内やホーム中ほどからもよく見えるのだが、私が好きなのは、田町駅ホームの品川寄りのはじっこ。札の辻の大きなカーブを、新幹線、東海道線、京浜東北線、山手線といった車両群が一斉に曲がってくることがあって、この場所には長時間釘付けになってしまう。

新幹線が通っていなくても、素敵なホームのはじっこはたくさんある。山手線目白駅の高田馬場寄りは、一つしかない改札口からもっとも遠いのだが、ホームの先端が船の舳先のように細くなっていて、そこから真っ直ぐに伸びる線路と新宿西口方面の超高層ビルを眺めるのはいい気分だ。山手線では、ほかにも鶯谷、日暮里、五反田といった駅もおすすめ。今まで何度となく利用してきた駅の別の貌が見える。

中央・総武線では、新宿以東の駅ホーム端は、四ツ谷、市ケ谷、飯田橋、御茶ノ水など、どこもよい景色なのだが、なかでも新宿駅8番線中央線上りホー

田町駅の品川寄り。札の辻のカーブを曲がってくる京浜東北線と山手線

京成線町屋駅のホーム端からは、都電荒川線の線路と町屋の駅前がよく見える

京成線青砥駅。ホーム端から見える中川の風景は雄大

東武東上線北池袋駅。ちっこい屋根

ムから大久保方面を眺めると、中央、山手、埼京線や成田エクスプレス、スーパーあずさなどの各種列車が、新宿という巨大駅に続々と入ってくるのを一望できて壮観だ。ここは船の舳先というより、岬の突端のよう。

一方、私鉄で私がもっとも愛好しているのは京成線の高架駅ホーム。先のほうまで行くと屋根のない駅が多く、そこからの眺めは概してよい。町屋駅ホームを千住大橋駅方面に歩いてゆくと、そのはじっこはちょうど都電荒川線の線路上にあたる。屋根のない空間からは、都電の往来と町屋駅前のにぎわいが見えて楽しい。さらにホームの先端から見た線路は絶妙にカーブしていて、そこにスカイライナーや特急電車が走ってくる姿を見るのもいい。そのほか、青砥駅から見る中川、押上線四ツ木駅からの荒川方面、国府台駅からの江戸川など、水辺に位置する駅のホームのはじからは、鉄橋や水景が美しく見える。

私鉄のターミナル駅には、メインの改札口を入ると頭端式《とうたんしき》（どん詰まり）のホームが並んでいるパターンが多い。ホームの先端に行くには、列車一編成分の距離を延々と歩いていかなければならない。しかし、それにもめげずはじっこに到達すると、そこにははるばるやってきた甲斐のある風景が開けていることが多い。東急東横線渋谷駅先端のオープンエアー感はなんとも言えないし、東武伊勢崎線浅草駅先端のデンジャラスな急カーブは、一度は確認しておくべきものだ。

この「ホームのはじっこ」という場所を誰よりも熟知しているのは、実は、電車の運転士さんや車掌さんだろう。私自身、いろいろな駅のホームのはじで、すっかり鉄道風景の虜になっていると、駅に入ってきた電車の運転士さんや車掌さんの視界には、「電車を見ている変な女」の存在が入る。彼ら彼女らは私を見て、毎度、「女の撮り鉄??」と訝しげな視線を送ってくれたものだ。しかしそれも一瞬のこと、指差確認の動作を合図のようにして、風のようにその場を去っていくのだった。

都内JR駅の
おすすめホームのはじっこ

西日暮里駅そばの諏方神社から、ホームのはじっこを眺めてみる

◎日暮里

鶯谷側からは、京成線が10本のJR線路を跨いでいくのがよく見える。10番線ホーム西日暮里側からは、山手線と新幹線が並んで走ってきて、ホームなかばで新幹線が地下トンネルにもぐってゆくのが見えておもしろい。

◎西日暮里

日暮里側からは新幹線が見えるほか、線路脇土手上のこんもりとした諏方神社の緑がきれい。この神社から線路を眺めてもよい景色だ。

◎五反田

目黒側のホーム直前のなだらかなカーブは、山手11両の全編成が、しなるようにしてホームに入ってくる姿を見せてくれる。大崎側では、線路の上、地上4階を池上線が交差していく、超立体鉄道風景が展開。

目黒駅から見える白金桟道橋

◎目黒

恵比寿側からは、山手貨物線線路上の白金桟道橋の白いアーチが、どこからよりもきれいに見える。

◎大崎

ホームの両端で複雑に線路が交錯する。りんかい線、湘南新宿ラインなどの停車する7、8番線大井町側からは、新幹線・横須賀線の高架線路が見えて、ついついこの場所に引き寄せられる。

湘南新宿ラインのホームから

◎有楽町

新橋側、東京側ともホーム先端は細く、狭いところに無理に作ったのかなと感じる。それがかえって魅力的な造形で、そこから見える鉄道風景もいい。

◎田町
東海道新幹線を見るのにおすすめの駅。二面あるホームの位置が微妙にずれていて、それぞれから異なるアングルの鉄道風景が望める。もっとも魅力的なのは、品川側の札の辻のカーブを曲がってくる列車の姿。

◎鶯谷
ここも、二面あるホームの位置が微妙にずれていて、それぞれに違う風景が見える。上野側は、ホームを出てすぐに、山手線ではもっとも急なカーブとなっている。

◎四ツ谷
新宿側では御所トンネルを出てきた電車の姿に、市ケ谷側では中央線と総武線の線路の段差に注目。この高低差はこの先でますます開き、中央線が総武線の線路下をくぐる立体交差となる。

常磐線三河島駅

◎三河島
常磐線三河島駅の改札はもっとも南千住寄り。そこから15両編成分を歩ききり、もう一方の妙に細っこいホーム先端にたどり着く。狭いホームの両側をスーパーひたちや快速電車がびゅんびゅん通り過ぎていって、なかなかスリリングな場所。

浜松町駅の小便小僧

◎浜松町
右は3、4番線ホームの田町側にいる小便小僧。毎月、突拍子もない衣装に着せ替えられている。

◎亀戸
錦糸町側では、越中島貨物線のガードや線路が見えて、ここを貨物列車が通る姿を見たいものだと期待が募る。まだ一度も遭遇したことがないが。

◎両国
浅草橋側には、隅田川橋梁に至るカーブ。昭和4年築の古びた駅舎の建物や国技館もきれいに見える。

お姿を拝んで興奮

時々考える。新幹線はなぜカッコイイか。有楽町、浜松町、田町あたりで、東海道新幹線が山手線・京浜東北線に並行して走ってくるのに出会うと、自分の視線が釘付けになっているのに気づく。西日暮里、神田あたりでは東北上越新幹線においても、同様の現象が起きる。

東海道新幹線・東北上越新幹線とも、都内では沿線への騒音や振動の問題があるため、本来の実力のなかばにも満たない時速１００キロくらいの速度で走っている。それでも山手線や埼京線と並んで走ると、新幹線はすべるように去っていく。Ｎ７００系の車両などは、線路上を超高速で直進していくヘビのようだ。

品川駅で、ホームに入ってくる下り列車を見ていると、走り出してから、最終車両がホームを走り抜けて行くまでの加速がものすごいことを目の当たりにする。そのパワフルさに見惚れ、それからしばらくの間、ホームに入ってきては発車していく新幹線を見つめ続けていたこともあった。

あまり遠くに行く用もない日常を送っているので、たまには新幹線に乗ってみたくなり、東京駅から新横浜、大宮から東京駅などに「チョイ乗り」することもある。東京－新横浜間のハイライトはやはり多摩川橋梁だろうか。その先で通過する武蔵小杉駅近くには、東海道新幹線でも有数の急カーブがある。「超特急が急カーブを曲がる」、それを体験するだけでも、この区間に乗る意義はあると思う。

大宮の鉄道博物館に行った帰りは、いつもは湘南新宿ラインで帰ってくるのだが、大宮駅で新幹線の改札に吸い寄せられるようにして乗車してしまうことがあり、そんな時、数あるＪＲ東日本の新幹線車両のなかで私が選ぶのはＥ４系Ｍａｘの二階席だ。線路沿いの防音壁より上に窓があるため、ほかの車両よりも断然見晴らしがいい。荒川の鉄橋を渡った後、赤羽台トンネルを抜けて都内に突入する車窓風景は、たまに体験すると新鮮だ。

新幹線はなぜに私をこれほど高揚させるのか。その理由を真剣に考えてみた。まず、姿がカッコイイ。速い。編成が長い。在来線とは違う独特の走行音もいい。西日暮里駅や神田駅で、あの音が聞こえて新幹線の接近を察知すると、山手線に乗るのを一本やり過ごしてもその姿をじっくりと見てしまう。

鉄道マニアには、新幹線が嫌いだという人もいる。新幹線ができたため地方のローカル線が廃止されたというのだ。確かにその意見にも共鳴する。ただ、東京都内の鉄道愛好初心者にとって、新幹線はかなり魅力的な存在だ。昔は０系しかなかった車両の種類がいつの間にか豊富になっていて、現在都内では９種類の車両が現役。新幹線マニアというものも存在するようになった。私の好きな現役車両は、東海道新幹線のN700系と東北新幹線の200系。初代の東海道新幹線0系のブルーの部分を緑色にしたような200系オリジナル（復刻）塗装車両は、現在1編成しか走っていないレアもの。これに偶然出会った時には、「ドクターイエロー」（東海道新幹線の線路や架線の状況を調べる試験車。黄色い車体）に出会った時のような幸運を感じる。現在の、青色と緑色ストライプの200系も、0系に似た車両にナイス・コーディネートな塗装だと思う。

二〇一一年三月にデビューした東北新幹線E5系の車両をいち早く見る機会を得た日、東京駅新幹線ホームに静々と入ってきた新車両は、緑色のメタリックカラーを青々と反射させ、私はその威容に感動した。長い鼻を伸ばしたような先頭車両は、緑色のワニにそっくり。アフリカや東南アジアの沼地にいて、草食動物をぱくっと食べてしまうワニだ。JR東日本の新幹線史上かつてない斬新な車体デザインで雪国を走るワニくんは、容貌とは裏腹に「はやぶさ」と命名されたようだが、その活躍を期待したい！

虎

有楽町交通会館のお花畑越しに700系を見る

ここがグッドな新幹線展望ポイント

◎東京駅

東海道新幹線と東北上越新幹線を同時に眺められる唯一の場所。東海道のN700系、700系、300系をひと渡り眺めまわしたら、改札を通過して東北上越の各車両を吟味する。130円の入場券さえ手に入れれば、ここは誰もが楽しめる夢の新幹線テーマパークだ。

東京駅12番線、東北新幹線のホーム。となりは東海道線

◎有楽町駅前

交通会館3階の屋上庭園は、ウッドデッキのガーデン越しに新幹線が見えて、お花畑と新幹線という、東京都心においてはありえない景色を味わえる。交通会館最上階の回る展望レストラン「銀座スカイラウンジ」まで上るとより俯瞰がきくようになり、東京駅の列車の発着を仔細に観察できる。再開発ビル「イトシアプラザ」4階のイタリアンレストランのバルコニー席も、絶景ポイント。新幹線を眺めながらのパスタランチという手もある。

有楽町駅前、イトシア方面

戦後闇市の名残を感じさせる果物屋さん

◎浜松町駅前

最近整備された駅北口の歩道橋は、歩道脇の柵がスケルトンで、高さが線路と合っているので新幹線展望によい。駅ホームからも、新幹線はよく見えて、東京モノレールとのシンクロ風景が出現することもある。

透明な柵の歩道橋とはありがたい

◎田町駅

ホームの浜松町側品川側の両端では、新幹線目当ての親子連れや撮り鉄の姿をよく見かける。品川方向のホーム端に立つと、札の辻のカーブを曲がってくる新幹線と踊り子号や山手線などとのアンサンブルが絶妙に見える。

上り下りの新幹線が交錯する

◎御殿山橋

品川駅から大崎方向、御殿山に架かる跨線橋。品川駅へとやってくる各種列車を眺められるのだが、線路に段差がついていて、新幹線と横須賀線は、その上段を走ってくる。編成の長い新幹線が、土手上のこんもりとした権現山公園の木立ちを背景に走ってくるのは、いい景色。

◎馬込・二本木橋

撮り鉄の間ではよく知られたポイントらしい。ただし、線路沿いはすべて金網で覆われているので、撮影できる場所は限られる。このあたりは新幹線でも有数の難工事区間だったということで、在来線の線路の真上に高架を建設する直上高架、第一京浜を越える巨大陸橋などがあり、その建設史を知ったうえで沿線を歩くと感慨深い。

多摩川を渡って東京都へ入る

◎多摩川橋梁

横須賀線線路と並んで多摩川を渡る東海道新幹線。河川敷も川幅も広いので、全16両が延々と連なって鉄橋を渡ってくる姿を望むことができる。この鉄橋への最寄り駅は東急多摩川線沼部駅。そして沼部駅上を新幹線の線路は跨いでいるので、新幹線が高速で頭上を通過していくのがよく見える。

◎神田駅

サラ金や居酒屋のネオンと雑居ビルに囲まれた神田駅ホームを東北上越新幹線はやり過ごしていく。駅ホームで京浜東北線や山手線を待っていると、一段高い位置の線路に新幹線がやってくる。都心の穴場的鉄道風景。今、その新幹線のさらに上を通る「東北縦貫線」の工事が行われている。

◎日暮里駅

9、10番線ホームの西日暮里寄りにいると、新幹線がカーブを描きながらやってくるのをほぼ正面に見られる。やがてその新幹線が、ホーム横から上野駅への地下トンネルにもぐっていくのが見えるのも興味深い。

日暮里駅の山手・京浜東北線のホーム先端に立つと、こんなふうに並んでやってくる

◎田端駅付近

田端の駅ビル・アトレヴィ2階のスターバックスコーヒー、3階の韓国料理屋、スパゲティ屋の窓際の席からは、高架上を走ってくる新幹線がうまい具合に見える。左は、田端運転所に隣り合う新幹線車両センター上の高架を走る東北新幹線。

新幹線の車庫上をゆく

◎上野駅

上野駅の深い深い地下ホームに入ってくる新幹線というのも、それはそれで味わい深い。地下鉄のようなトンネルを覗き込んでいると、まずは前照灯だけが見え、どんな車両が来たのか訝しんでいると、やがて全容を現す。新幹線が、もぐらみたいにかわいく見える駅。

上野駅地下ホーム。ここで見る新幹線も不思議な感じでいい

上野新幹線駅にある、中国から贈られた壁画。
上野と言えば、今も昔もパンダなのだ

◎王子　北とぴあ

王子駅前にある17階建ての北区の文化施設の最上階は無料の展望スペース。王子駅や飛鳥山、田端・尾久の車両基地、スカイツリーなどが一望でき、建物反対側の窓からは赤羽の町や埼玉方面が望める。その景色の中央を新幹線をはじめとする各種車両が貫いていくのは壮観だ。

北とぴあ展望台から飛鳥山方面

新幹線の顔いろいろ

200系（左）とE2

700系（左）とN700系

東京駅にやってきたE5系。ワニみたい

E4系 Max。戦国武将みたい

山手線

鉄道マニアは山手線に萌えない、らしい……

山手線の駅の近くで生まれ育って今でも住んでいるので、電車といえば山手線だ。緑色の山手線も、もう二十年以上前にステンレス車両に変わり、その後また最新のＥ２３１系車両になった。白いフェイスのボディ前面は、都会的なハンサム顔。

山手線のよさは、二、三分おきに次々と電車がやってくること。終電も午前一時頃まであり、まだ山手線が走っていると思うと、夜遅くなってもいつまでも街をフラフラしていられる。たまにターミナルから私鉄に乗ると、各駅停車や急行の出発を十分くらい待つことがあり、イラつく。これは山手沿線の都市民族には耐えられないことなのだ。

「山手線の環状の線路は、東京というとりとめのない都市のイメージをとりまとめている存在だ」とおっしゃっていたのは、東京大学の情報学の先生。たしかに、東京の地図を見せられて、山手線の線路だけがそこに描いてあっても、このあたりをとりあえず都心と思えばよいのだと安心する。そして、この環状鉄道は、世界最強のインフラ（都市基盤施設）でもあるという。

そんなことで私自身は山手線に大いに好感を持っているのだが、いわゆる鉄道マニアの方にとってはおもしろみのない路線らしい。中央線や常磐線のように、特急や快速などの列車がやってくることもなく、いつもいつも同じ車両が走ってくる。一つ一つの駅を飛ばすこともない、永遠の各駅停車である愚直者。まあ、マニア的見地からのご意見としてはもっともなのだが。

しかし、贔屓筋の私としては、山手線には鉄道好きにとってもけっこういいところがあることを訴えておきたい。まずは沿線風景がバラエティに富んでいること。もともと市街地化しているところに鉄道を敷いたうえ、環状なので、私の好きな「カーブ」を描く線路がたくさんある。

そして、山手線線路が都心の地形を上り下りする高低差は注目すべきもの。上って下って、また上り……。電車は、谷間を走っていたかと思うと高架上に上がり、はたまた地上と同じレベルを走る。そのうえ、また勾配を上がって山手貨物線の線路の上を通り、まさに縦横無尽に都心を駆け抜けていく。これはすべて、東京都心が山あり谷ありという起伏ある地形であることに起因する。

山手線の線路がもっとも高い地点を走っているのはJR新宿駅近くの西武新宿駅のあたり。その一方で、五反田から目黒・恵比寿に向かってゆく上りや、駒込から田端に向かう上り、西日暮里駅前後にあるアップダウンなどは、あまりにドラマチックで、これは実は電車に乗っていてもよくわからないので、線路際からの走行シーンを確かめてみてほしい。

さらに、山手線の車内、駅からはJRの在来線、新幹線のほか、私鉄各線ま

JR
京DC5

有楽町駅、新橋寄りから

で、各種さまざまな電車が眺められる！　山手線車中とその沿線ほど（京浜東北線もだが）、いろいろな鉄道が眺められる場は東京にはない。

また、東急東横線、京急線、京成線、西武池袋線など、山手線線路の上を乗り越えて郊外へと旅立ってゆく私鉄電車もたくさんある。市中乗り入れのために、それぞれの私鉄会社が苦心して建設した立体交差は、どこも見ごたえのある歴史的鉄道風景だ。

実は専門的なことを言うと、鉄道にも戸籍というものがある。それによると、山手線とは、山手線（品川—田端）、東北線（田端—東京）、東海道線（東京—品川）をたくみに環状につなげたもの。二十九駅の周りをじっくり眺めて歩いてみると、山手線、東北線、東海道線の区間のそれぞれの個性と違いがよくわかって、東京の街と鉄道についての、よいお勉強にもなるのだ。

山手線とほかの電車が交錯する場所

◎東武特急スペーシア

新宿、池袋駅でJRに乗り入れて山手貨物線の線路を走っている東武特急スペーシア。新宿駅南口の高島屋前のデッキからはホームに停車している姿がよく見える。高田馬場、目白などのホームでスペーシアが走ってくるのに出会うと、未だに驚いてしまう。

◎京浜東北線

田端から品川までは、山手線と京浜東北線は並んで走る。御徒町、有楽町あたりでは、電車同士が密着接近してドキドキ。品川ー田町間で、京浜東北線（東京、大宮方面）が山手線の線路上を越えるアクロバティックな立体交差も、見もの。

◎都電荒川線

大塚駅で山手線ガード下をくぐる都電荒川線。駅前の広場を縦横無尽に走るさまは、ホームから見るとおもちゃの電車のよう。

◎西武新宿線

高田馬場、新大久保、そして新宿駅に差し掛かる手前まで西武新宿線と並んで走る。途中、沿線のもっとも目立つランドマークは、新大久保駅前のロッテの工場。

◎新宿駅南口

山手線内回り電車は、新宿駅に近づくにつれ、さまざまな路線と交錯。西武新宿駅のあたりでは、中央線と総武線下りの線路を越え、さらに駅を発車すると南口側の10本以上の線路が並ぶ大海原へと出る。この景色を高島屋タイムズスクエア前のデッキから見下ろす。特に朝夕のラッシュ時は列車の本数が多く見応えがある。

◎東北新幹線

山手線外回りに乗っていると、田端あたりから突然視界に入ってくる東北新幹線。田端では高架上を走ってくるが、西日暮里、日暮里と徐々に山手線と同レベルまで下り、日暮里駅構内で上野駅へと至る地下トンネルへと入ってゆく。その東北新幹線が再び地上に姿を現すのは秋葉原駅手前。そのまま地上を抜けて東京駅まで突っ走ってゆく。

◎東海道新幹線

東海道新幹線が山手線に合流するのは大崎と品川の間。隣りあう線路に新幹線がやってくることがある。品川駅に近づくにつれ新幹線線路は遠ざかる。浜松町駅、有楽町駅あたりが、山手線の車内およびホームからは、いちばんよく見える位置関係になっているかもしれない。

私的山手線一周アルバム

大崎

上・ホーム端っこ五反田方向。入り組む線路。下・目黒川に架かる居木橋。山手線、成田エクスプレス、東海道新幹線が同時に来た

品川

上・山手線の起点である0キロポストは、品川駅1番線（山手内回り）線路脇の中ほどにある。右・駅構内にある山手線0キロポストのモニュメント

目黒

恵比寿との間の長者丸踏切前にある山手線のガード。「目黒道架道橋」の古びた表示

五反田

五反田駅は、坂下の谷状の地形に位置しているので駅全体が見渡せる

渋谷

上・私の祖父は、本物のハチ公を見たことがあるとか。明治人恐るべし／下・ハチ公前に置かれている東急の5000系車両。昔々東横線を走っていたなつかしい電車

恵比寿

上・駅前のガード下にも恵比寿さま
下・駅ホーム。もうすぐ電車が来るみたい

原宿

渋谷方向に歩いてゆくと、水無橋という小さな人道橋かある。
7～8年前まで古い橋が架かっていたが架け替えられた

原宿に連なる緑の土手上を走る

三つある駅出入口のなかで、東口は一番目立たない存在。貝殻かキノコみたいな屋根のデザインがいい

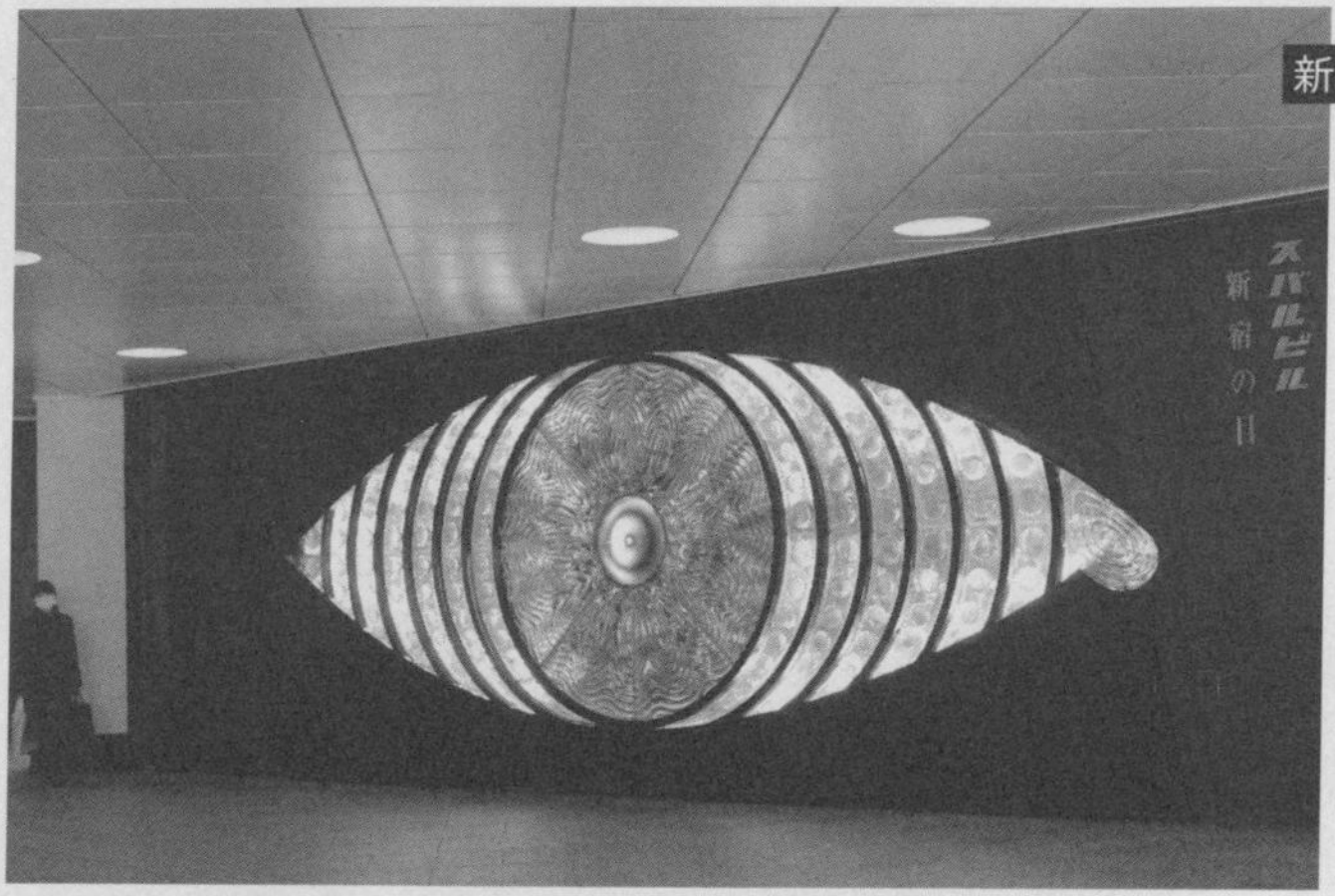

西口地下道のスバルビル前にある「新宿の目」。70年代の新宿を感じさせるアート

線路沿いのランドマークはロッテの工場

駅の建物は三角屋根でかわいらしいのを発見

山手線は西武新宿線と並んで神田川を渡る。
このレンガガードのへんてこな落書きは、かなり前からあるもの

上・ビックリガードのあたり、バラストを運ぶ錆び付いた貨車が並んでいる／下・池袋大橋からは、さまざまな列車が立体交差しながら池袋駅に入っていくのが見えて、楽しい

上・新井薬師道というレトロな名前がついているガード／下・池袋方向を見ると、メトロポリタンプラザと清掃工場の巨大煙突

駅前にある巣鴨名物“福々まんじゅう”は現在改装中

都電荒川線と山手線が行き交う、大塚駅前

東口近くにある小さな人道用のガード。海に通じる秘密のトンネルのような

右・山手線唯一の踏切。巨大なゴルフボールが目印

この駅の古レールの柱はとても優美。ホームの傍らには、貨物の田端操駅、上野保線技術センター、そして東北新幹線の高架が見える

西日暮里

駅と並行した急坂は安全横丁と名付けられている

鶯谷

上・瓦屋根のスパニッシュコロニアル風の駅舎は国鉄時代の山手線駅によくあったスタイル／下・谷中墓地の下を走る

日暮里

上・北口の下御隠殿橋は有名な鉄道ビューポイント ／下・駅ホームの屋根は柱ではなく古レール材で側面から支えられている

上野

「パンダ橋口」改札そばにいる巨大なぬいぐるみ。やはり上野にはパンダがいないと。

右・昭和7年築の立派な駅建築。建物内にも、昭和モダンの装飾があちこちに施されている

御徒町

右・アメ横商店街の上を電車がゆく／左・駅前の「吉池」は昭和8年築のインターナショナル・スタイル建築。駅ホームから眺めるとその異様なモダンさが際立つ

秋葉原

神田寄りのはじっこから見ると、「ルノアール」の看板が目立つ

「世界のアキバ」は線路が交差する鉄道立体都市でもある

今は工事中の丸ノ内のレンガ駅舎。屋根をドーム天井に復元中なので、写真の姿とは別物になる

ガード下がそのまま駅という構造

上・このあたりのレンガガードは明治期に造られた歴史的なもの／左・レトロ調に演出されている飲食店街・有楽コンコース

駅前のガード下は洞穴のよう

最近「戦後ビル遺産」として若い世代にも人気のあるニュー新橋ビル。戦後の闇市を整理して昭和46年にできた。今も館内にはオヤジパワーが充満

ちっこいガードは、元は漁船が東京湾に出ていくための水路だったらしい

新幹線と東京モノレールが一緒に走る区間

この駅のホーム先端では、新幹線狙いのパパ鉄と子鉄をよく見かける

植木鉢に使われていた容器には、工部省のマーク？

EH500-63

出会えばラッキー！

今日は小島新田にやってきた。品川から京浜急行に乗り、京急川崎で大師線に乗り換え。川崎大師の駅もやり過ごした大師線の終点が小島新田駅だ。そこには広大な新田があるわけではなく……、十数本もの線路が並んだ巨大な貨物駅が広がっている。駅前の跨線橋からは、ＪＲ貨物と神奈川臨海鉄道の貨物線路が一望できるのだ。背景には、京浜工業地帯の工場群。つまりここは「工場萌え」の現場というわけ。だが平日の昼間、貨物列車の姿をあまり見ないのは、なんともさみしい。

実は、都内の現役貨物駅は、どこへ行ってもこんな感じだ。南千住の隅田川駅、新小岩と金町を結ぶ新金《しんきん》貨物線の新小岩操《しんこいわそう》駅、東京湾岸部にある越中島貨物駅……、どこでも貨物列車の姿はほとんど見えない。都内随一の貨物駅である大井の東京貨物ターミナル駅も、列車の行き来がさかんなのは、日が暮れてからと早朝だ。

　だからこそ、都内の線路で偶然に「貨物」と出会うのは幸運なことだ。貨物列車の見所はなんと言っても機関車。どんな機関車が貨車を引いているかが、なにしろ肝心だ。しかし、駅や線路で、「貨物が来た!!」と気づいても、ほかの列車に妨害されて機関車の姿を見逃すことが多い。その後に延々と貨車が続いていたりするのを見るのも悪くはないのだが、やはり機関車様のお姿を一目でも見なければ、貨物列車の意味はないのである。

　私が子どもの頃、今は湘南新宿ラインや埼京線が走っている山手貨物線の線路には、いつもいつも貨物列車の姿があった。山手線目白駅ホーム並びの公団住宅やホテルが建っている場所には貨物専用の線路が何本もあって、貨車やコンテナが並んでいたし、新宿南口の髙島屋がある場所には広大な貨物駅が広がっていた。だからこそ今、子ども時代に「貨物」を見ていた世代に、その力強い姿はいっそう魅力的に映る。

都内一番の機関車の集結地は、なんと言っても田端運転所。田端駅の北側にある広大な車両基地だ。ここでは、人気のEH500「金太郎機関車」、都内でもよく見かけるEF65、客車牽引だが北海道へ行く寝台特急「北斗星」用のEF510などのスター級の機関車が、週末などはぎっしりと停まっていることがある。たまに、この東京一の機関車名所にやって来ると、あちこちから車両を連結する「ガチャン」という音や、汽笛が聞こえて、気分も盛り上がる。

このほか都内では、赤羽などの東北線の線路、隅田川貨物駅に近い三河島や北千住あたりで貨物列車に出会えることが多い。

凍りつきそうな冬の夕暮れ、大宮駅の東北線ホームでEF210「桃太郎」機関車が通過していくのを見たこともある。常磐線の三河島駅ホーム下には、

王子駅ホームから東北貨物線線路をゆく貨物列車を眺める

新小岩操駅に向かう EF65

赤羽駅を通過する金太郎機関車 EH500

貨物線のみの踏切があって、この場所の風情はなかなかいい。

南武線の分倍河原駅ホームでは、ＥＨ２００「ブルーサンダー」に出会った。急勾配の多い中央線方面で活躍するのがこの機関車。やはり都内でも東北線方面、中央線方面と、エリアによって出会える車両は異なってくる。

毎日昼過ぎ、都心に「金太郎」がやってくる。池袋から新宿方向に向かって山手貨物線の線路をＥＨ５００金太郎機関車の引く貨物列車が駆け抜けていくのだ。列車番号３０８６、札幌から名古屋に向かう高速貨物列車は、田端から大崎まで山手貨物線の線路を系由していく。これは、山手線各駅のホームで、そして線路脇で待ちぶせするだけの価値のある列車だ。

実は、都内で貨物列車の走行を確実に見るには、「ＪＲ貨物時刻表」というものが必携。しかし、これは一般の書店で販売されていないレアな鉄道資料。そんなものを持っていないほとんどの人は、ただ偶然に「貨物」との出会いを迎えるしかないのだ。

貨物がいる場所

◎隅田川貨物駅

全盛期よりかなり縮小されたが、未だ東京を代表する貨物ターミナル。貨物時刻表を見ると、この駅を発着・通過する列車がたくさんあることがわかる。ただし夜間や早朝に集中。南千住駅前の歩道橋からは構内を一望することができる。

◎田端運転所

JR田端駅から坂を下っていったところにある広大な車両基地。隅田川駅と連絡線でつながっていて貨物機関車の宝庫となっている。EH500金太郎機関車だけでも何両も見られ、その背後を高架上の東北新幹線が走り抜ける景色はすばらしい。特に貨物機関車が好きという人でなくても、一度は行ってみるべき、超おすすめの鉄道名所。

◎北王子貨物駅

王子駅の先から延びる単線の線路をたどってゆくと製紙会社の構内へと至り、ここにあるのが北王子貨物駅だ。この区間は電化されていないので、ディーゼル機関車に付け替えた貨物列車が日に4往復している。途中に踏切が4カ所あり、ここで貨物列車を待ちぶせしてみるのもよさそうだ。

◎新金貨物線

新小岩操駅と金町を結ぶ貨物線。新中川（途中から中川）沿いに単線の電化された線路が続いている。京成高砂駅で下りて中川の川原に向かうと、この貨物線の線路や踏切などの味わい深い風景が続いている。途中の新中川鉄橋がハイライト。川景色と貨物線の組み合わせがなんといっても魅力。

◎越中島貨物線

新小岩操駅から越中島貨物駅を結ぶ総武線の貨物支線。亀戸駅ホームから見える線路はいつも気になっているのだが、貨物列車が通るのは一度も見たことがない。途中、首都高小松川線を高架線で越え、小名木川を鉄橋で渡り、永代通りを踏切で渡るという、かなり魅力的なポイントが何カ所もある。しかし今はロングレールの輸送のみに使われているので、めったに列車は来ない。

◎東京貨物ターミナル

隅田川駅よりもさらに巨大な東京の貨物輸送の要。湾岸部の大井の埋立地にあり、新幹線の車両基地と隣り合う。貨物列車は川崎から長い地下トンネルを経て貨物駅付近で地上に出るため、その姿は駅周辺からは拝めない。巨大駅上を横断する陸橋から、構内の様子をうかがうしかない。

◎八王子駅

中央線方面の貨物列車は、東京では八王子に集結している。したがって中央線の急勾配の線路にも耐えうる力持ちの「ＥＨ２００ エコパワー ブルーサンダー」に会いたいなら、ここに来るのがよい。

◎山手貨物線

毎日昼頃に田端－大崎間を通るＥＨ５００金太郎機関車の牽く貨物列車のほか、早朝と深夜に10本以上の貨物列車が走っている。

◎常磐貨物線

田端操駅から南千住の隅田川貨物駅の間の常磐貨物線線路では、お昼前後など頻繁に貨物列車の姿を見る。三河島駅付近で常磐線の線路下を通り、ホームの両側をすり抜けてゆく貨物線の風情はいい。

◎東北貨物線

田端操駅とつながっているため、王子あたりでは東北貨物線をゆく貨物列車をよく見かける。その先の赤羽駅の湘南新宿ラインのホーム（東北貨物線の線路）でも電車を待っていると、貨物列車がやってくるのに出くわすことがある。赤羽より先には、大宮に貨物の大宮操駅もある。

車庫

ほんものの鉄道テーマパーク

電車庫に何台もの車両が並んでいるのを見ると、途端にうれしくなる。車庫に至る線路は複雑に交差して電車を導く。その線路群を見るだけでも気分は昂揚してくる。

京成本線の京成高砂駅近くの車庫、湾岸の新木場にある地下鉄有楽町線の車庫、大井にある山手線の巨大な電車区……、どの電車庫の近くを通りかかっても、たくさんの車両が休養中。世の中は動いていて電車もダイヤ通りだというのに、こんなにたくさん車両が休んでいて大丈夫なのだろうか？　それが、車庫についての以前からの私の疑問だ。

山手線に乗っていて、いつも凝視してしまうのは、田町と品川の間にある田町車両センター。特急「スーパービュー踊り子」や「サンライズ瀬戸」などバラエティに富んだ車両を、走っている電車のなかから見物できる。

東京メトロの茗荷谷駅近くには、丸ノ内線が何両も並んでいる小石川検車区がある。あたりは坂道に囲まれた複雑な地形で、地下鉄はその坂下を走っていても地上に出てしまう。そんな矛盾した状況のなか、そこに突然大きな車庫が現れる。子ども時代の思い出は、真っ赤なボディ、白ラインにシルバーのロープ模様の装飾が付いた丸ノ内線の旧車両が、この車庫に何両も並んでいるという景色。それは相当に心魅かれるものだった。

私が、都内一の「ほんものの鉄道テーマパーク」と定義している、機関車の車両基地・田端運転所。ここには、貨物用、客車用のスター級機関車が勢揃いし、その向こうには東北上越新幹線の車両基地も見える。さらに田端運転所の北方には、これまた広大な尾久車両センターが広がっている。田端運転所から東北線尾久駅に至るには、引込線の踏切や古びたアパート群など、昭和の時代が取り残されたような一画を抜けて、さらに、尾久車両センター下を通る地下道を延々と歩く。これがなかなか味わい深いルートで、ほとんど歩く人のいない地下道には、ところどころ線路間に設けられた天窓から自然光が入り、不思議な穏やかさが漂う。

地下道を抜けると東北線尾久駅。上野ー尾久駅間では、カシオペアの機関車や客車など、尾久車両センターの車両群が心ゆくまで眺められて、これもまた魅力的な風景だ。

晴れた日にぜひとも散歩に行ってみてほしいのは、三鷹駅の近くにある総武線・東西線の三鷹車両センター。車庫の上には、昭和四年築という古びた跨線橋がかかっていて、コンクリートの階段や鉄柵は、時を経たいい風合いを帯びている。この跨線橋は地元・三鷹に住んだ作家・太宰治の散歩道だったという場所。橋下を行き交う中央線、そして橋の上からは富士山も見渡せる見晴らしのよさ。太宰という作家お墨付きの文学的跨線橋だ。

もう一つ、私の好きな電車庫が池袋駅の先にある。池袋駅から埼京線の線路に沿って板橋駅方向に歩き、途中、東武線やJRの線路上を横断する巨大な池袋大橋を越え、さらにその先の川越街道を越えると、山手線と埼京線が計九両留置できるJRの車庫があり、正式名は東京総合車両センター池袋派出所。この車庫の脇を、埼京線と東武東上線がひっきりなしに走ってきて、休みの日など、線路上に架かる跨線橋には、電車を見るために近所の親子連れが何組もやってきていた。おばあさんに連れられた幼稚園児くらいの男の子が、次々にやってくる東武線と埼京線に向かって、うれしそうに手を振っている。なかには「ブォーッ」とすごく小さな警笛を鳴らしてそれに返答してあげている運転士さんもいて、そのやり取りには、私もちょっと感動したものだ。しかし、先だってその愛すべき跨線橋を訪ねてみると、なんと取り壊し工事の最中。哀愁の鉄道風景はまた一つ封印された。

都電の荒川車庫に取材撮影に行ったのは、今からもう十年以上前のこと。昭和三十年代の都電全盛期を知るベテランの運転士さんたちに話を聞き、保存車両などを撮影させてもらった。同行のカメラマン氏は、私と同世代ながら、少年時代から都電や鉄道の写真を撮り続けているという筋金入りのキャリアを持つ方。インタビュー取材が終わった後も、そんなに都電が好きなら好きなだけ写真を撮っていっていいからと言われ、午前中から午後二時を過ぎても、撮影は続いていた。そうこうするうち、空腹に耐えきれなくなった私は、ついに「昼ごはんどうしますか……？」とカメラマン氏にお伺いをたててみたが、「ぼく、ごはんより電車が好きですから」とシャッターを押し続ける彼。その仕事熱心な方を一人放置して、私は昼飯へと向かったのだった。

いくら「車庫が好き」などと言っていても、あの状況で「メシか、電車か？」と言われたら、今でも私はメシを選ぶだろう……。

おすすめ車庫あれこれ

大井町、山手線の巨大車庫

◎大井町《JR東日本東京総合車両センター》

都内最大の鉄道の工場がある大井町。京浜東北線の品川ー大井町間の、その広大な敷地内には、さまざまな歴史的車両が秘蔵されていたりするのだが、それと隣接して山手線の巨大車庫がある。50編成以上の車両を収容する2階建て車庫の規模は圧巻。

◎池袋《JR東日本東京総合車両センター池袋派出所》

埼京線・東武東上線の線路沿いという意外なロケーションにある山手線車庫。バックにはサンシャイン60や、清掃工場の巨大煙突という、池袋の巨大ランドマークが見えて、これは一つの池袋名所と言えそうだ。

◎田端《JR東日本田端運転所》

人気の貨物機関車「金太郎」や、北海道行きの寝台特急「北斗星」を引く流れ星を描いた青い車体のEF510など、華やかなスター機関車の姿が見られる。構内の踏切や車庫、鉄道神社など、車両基地ならではのしつらいにもグッとくる。

◎尾久《JR東日本尾久車両センター》

東北線尾久駅に沿って広がっている広大な車両基地。東北線の車内や尾久駅からよく見えるが、田端運転所方面から地下道を通ってアプローチするのがおすすめ。機関車の多い田端に比べて、こちらでは客車、貨車の姿が多く見られる。

尾久車両センター。ここからもスカイツリーが見えた

◎三鷹《ＪＲ東日本三鷹電車区》

武蔵野の地にある総武線、地下鉄東西線の車両が並ぶ車庫。この車庫の持ち味は、なんといっても昭和四年築の跨線橋があることだ。地元に住んだ太宰治の散歩コースだったということもあって、橋の上から遠くを眺めると文学的な気分になれる。三鷹駅南口に出て、武蔵境方面に線路沿いの「電車庫通り」を歩いていこう。

◎豊田《ＪＲ東日本豊田電車区》

オレンジ色の２０１系の中央線がぎっしり並んでいる風景はなんとも魅力的だったが、すでに引退。今はオレンジストライプのステンレス車両Ｅ２３３系が車庫を埋めるようになった。それでも構内には、中央線独特のオレンジ・オーラが漂う。また武蔵小金井にも、より小規模だが中央線の車庫がある。

◎茗荷谷《東京メトロ小石川検車区》

茗荷谷の住宅街に広がっている丸ノ内線の車庫。地下鉄なのに地上を走る電車の車窓からよく見える。周辺は坂と谷が入り交じった地形で、かなり探索しがいのある一帯。おすすめの散歩エリアだ。

丸ノ内線の小石川検車区

◎西馬込《都営地下鉄馬込車両検修場》

都営地下鉄浅草線の終点西馬込駅近くの地上に広がっている。背景には池上本門寺の森。敷地を跨ぐ長い長い跨線橋は「道どめ木橋（どめきばし）」という変わった名前。橋の片側には車庫、もう片側には広大なヤードが広がっていて、大江戸線の車両をこの検車場まで引いてくるピンク色のE5000形電気機関車などが停まっている。地下鉄の車庫としては、広さと車両のバラエティがあって案外萌える。

◎高砂《京成高砂検車区》

京成線の車内から、そして京成高砂駅前の踏切からよく見える車庫。高砂駅を出た京成金町線、北総鉄道の線路は、この車庫をよけるようにに大きなカーブを描いていく。赤青のストライプの車両が何両も停まっている風景はかわいらしく、京成線に乗る時はいつも眺めるのを楽しみにしている。

◎荒川車庫《都電荒川線荒川車庫》

都電荒川線の車庫は、終点三ノ輪橋に近い荒川区にある。時々荒川車庫行きの電車もあって、車庫前で待機していると、電停から急カーブの線路を曲がって車庫に入ってくる。それを待ちぶせしている撮り鉄もチラホラ。車庫前には「都電思い出広場」があって5500形PCCカーと旧7500形学園号の2両が展示されている。

地下鉄をどこまで極めているか、それがマニアの尺度となる

私の鉄道の先生の一人である友人のIくんは、かなり強力な鉄道マニアだ。地下鉄に乗っていても常にカーブを察知し、駅ホームから分岐しているナゾのトンネルの向かう方向を類推し……。私にはただの暗闇にしか見えない東京の地下鉄世界を大いに把握しているようなのだ。もちろん彼は、地上を走る鉄道に関しても、多大な知識と経験を備えているのだが。

それに比べると、私ごときは「地下鉄は外が見えないからつまらない」というレベル。最近は駅にホームドアも整備されて、車両でさえも見えづらくなっている。そんなことで、鉄道は大好きだが、地下鉄界にはどうも取り付く島が

ないという印象を持っているのだ。

しかし、いや、だからというべきか、地上を走る地下鉄は好きだ。一番萌えるのは、地下鉄が地上に飛び出す瞬間。丸ノ内線の茗荷谷、後楽園、御茶ノ水、四ツ谷。銀座線が渋谷駅に着く寸前。そして、東西線や千代田線などが川を渡る直前、電車は闇を抜け光の差す別世界へ入ってゆく。

子どもの頃、地下鉄が駅に着く直前、車内が一瞬真っ暗闇になり、壁に取り付けられた電球がぴかっと光るのが、なんとも言えず不思議で魅力的だった。その頃、私にとって地下鉄と言えば、池袋から銀座に行く時に乗る丸ノ内線。その後、銀座から日本橋に行くのに、銀座線という時代色を帯びた地下鉄が存在することを知ったが、銀座線にしろ丸ノ内線にしろ、当時の国鉄などに比べると、なんだか牧歌的な風合いを持っていた気がする。すでに都営浅草線、東西線、千代田線、日比谷線などの各種地下鉄路線は開通していたが、小学生の頃の私の行動範囲内でこれらに乗ることはほとんどなかった。

副都心線渋谷駅ホーム先端から、電車の往来を観察する

七〇年代以降は、新しい地下鉄が開業するという体験を何度もしてきた。有楽町線、半蔵門線、南北線、大江戸線……。つい最近は家の近くに副都心線の駅までできた。深い深い地下にシールドトンネルを掘り、駅を建設し、誰も知らなかった地下都市が、ある日突然東京に出現する。

新しい地下鉄はトンネルがより深く、カーブはさらに急に、線路の勾配はますます険しくなっている。実際、私が山手線や湘南新宿ラインで日々実践しているように、地下鉄でも運転席の背後の窓際に陣取り進行方向を凝視していると、曲がりくねるカーブ、上り下りする線路の様相に、かなり興奮を憶える。

最近は地下鉄と他線の相互乗り入れも増えているので、都心の地下鉄駅で意外な車両に出会うことも多い。夕方のラッシュ時の千代田線大手町駅ホームに、小田急ロマンスカーＭＳＥがしずしずと入って来た時はただただ驚いたし、半蔵門線の駅ではメトロ車両が来るか、東武車両か東急車両かが気になる。また、地下鉄の最近の車両は、案外私好みのデザイン。有楽町線の駅で、いずれ副都心線のメイン車両となる10000系の電車に初めて出会った時は、そのレトロっぽいデザインの可愛らしさにグッときたし、東西線の最新車両15000系の先頭部もカッコいいと思う。

以前、件のIくんの、地下鉄駅における密かな楽しみについて聞いたことがある。彼の勤め先の近くの地下鉄宝町駅は都営浅草線の駅だが、そのホームには都営の車両のほか、相互乗り入れしている京浜急行、京成線、北総鉄道、そして羽田と成田を結ぶエアポート快特など、バラエティ豊かな車両が次々とやってくる。彼は仕事に疲れると、どこかに行く用もないのに、地下への階段を降り、この電車ワンダーランドに心を癒しに来るのだそうだ。ここで、成田空港、三崎口、印旛日本医大行きなど、同じ東京の地下線路を系由しながら遠くまで旅だってゆく車両をひとわたり眺めていると、また仕事への意欲が湧いてくるのだとか。いやはや、まったく幸せな人だ。

地下鉄を追究するために注目したい場所

浅草駅ホームから見た銀座線のトンネル。年代もの

◎銀座線のトンネル

銀座線は、上野ー浅草間が昭和2年築、その後昭和14年までにあちこちの駅が順次開業し全通したという路線だが、その地下トンネルの姿を見ると、これはもう、たいした近代化遺産だ。駅ホーム先端や運転席後ろから、よくよく観察してみることをおすすめする。

◎銀座線の地下鉄の踏切

銀座線の車庫は上野から昭和通り沿いに入谷方面に行ったあたりにあり、これまた昭和遺産と呼べるような歴史的建造物。その車庫に電車が入る手前にあるのが、世にもめずらしい地下鉄の踏切。車庫に出入りする車両の通行のたびに遮断機が下りる。一度は見ておくべき地下鉄名所だ。

chapter 3

乗ってのんびり鉄道散歩

鉄道でゆく京浜工業地帯

――鶴見線と京急大師線――

◎鉄道マニアの登竜門

京浜工業地帯を走る「鶴見線」は、以前から気になっていた存在だ。その理由は、「これに乗りに行ったことがあれば、ひとかどの鉄道マニア」だと思われるらしいから。私の周りの本格的鉄道趣味人たちは、鶴見線から旧型車両が引退する時はそれこそ全員が出かけていったし、私が鉄道が好きだと表明すると「それじゃあ鶴見線とか乗りに行ってるんだ?」という問いを投げかけてきたものだ。

そんな私が実際にその世界に足を踏み入れたのはごく最近、二年前の夏の暑い日曜日だった。京浜東北線で川崎の次の鶴見で下車。同じＪＲの路線なのに駅構内でもう一度鶴見線の改札を通過し、ホームに入る。

安善駅。貨物の引込線がたくさんあり、
タンク貨車をたくさんつけたディーゼル機関車がいた

初心者にとって、この電車で面食らうことはほかにもある。短い路線なのに、鶴見発の列車の行き先は、海芝浦、弁天橋、浜川崎、大川、扇町と五つあり、まずどこから攻めるべきか迷うのだ。有名な海芝浦駅に行ってみたかったが、土日は海芝浦行きが一時間に一本あるかないか。とりあえず一番本数の多い、浜川崎行きに乗車する。終点までは七駅、十五分ほどで着いてしまう。しかしこの十五分間の初めての電車旅で、鉄道ファンがなぜ鶴見線を目指すか、私はただちに理解した。

巨大な工場が次々と現れ、貨物の引込線、材料や燃料を運ぶ貨車、海辺の景色と工場を囲む緑の森、さびれた小屋のような駅舎、大型トラックが行き来する踏切……、鉄道好きの望む要素がこの沿線にはすべて揃っている!

　次の機会に目指したのは海芝浦だ。駅の改札を出るとそのまま東芝の工場に入ってしまうという海芝浦駅。ホームが海に面していることでよく知られている。やはり日曜日の昼すぎ、鶴見駅から海芝浦行きに乗ると、座席がほぼ埋まるほど車内はにぎわっている。これが明らかに工場労働者の乗客ではなく、ベビーカーを押した親子連れ、町歩きツアーの中高年グループ、素朴な感じの彼と彼女のカップルなどだ。

海芝浦駅。ホームからはすぐ海

　この人たちはいったいどこで、この鶴見線鉄道旅の情報を得たのか?

　案の定、ほとんどの人は終点海芝浦で下車した。海に面したバルコニーみたいなホームは、あっという間に人でいっぱいになる。「海辺の工場駅」のすがれた風情を期待してきた私は、「こんなはずでは……」とあせった。これは平日に出直してくるしかないということか。

　ところが不思議なことに、ホームにあふれていた人たちは、いったん外に出て潮風にあたるとすぐに、車内に入っておしゃべりに興じている。乗ってきた電車は、再び鶴見行きとなり、二十分後に引き返す。

小島新田駅前からの眺め。時折貨物列車が通りかかる

まだまだ時間はあるのに。

　私は、人が少なくなったホームで思う存分写真を撮り、海を眺め、駅構内を探索し……一応やるべきことはやった。みんなせっかく来たんだから、もっと駅からの風景をじっくり見ればいいのに……。

◎猫駅長がお出迎え

　この京浜工業地帯には、もう一つ、私がたびたび乗りに行っている鉄道がある。京急の川崎駅から出ている大師線だ。大師線は、川崎駅から多摩川に沿って海の方向へと向かい、その途中にあるのは川崎競馬場、味の素の工場、川崎大師、そして終点には広大な貨物駅が広がっている。もとは川崎大師への参詣客を運んでいたお詣り電車で、川崎大師駅前には今も、〝京浜急行発祥の地〟と刻まれた石碑がある。

　川崎から二駅目の鈴木町駅前には、巨大な味の素の工場があり、夕方になると、工場で働くおばちゃんたちが大挙して電車に乗ってくる。知り合いの女子は、この工場のレポート記事を書くために一週間ほどここに勤務し、全身を「青椒肉絲《チンジャオロースー》」の匂いに包まれる日々だったそうだ。

川崎大師駅で降りてお寺への長い参道を歩くと、くずもち屋の軒数の多さに驚く。住吉屋、磯福などさまざまな屋号の店が十軒以上並んでいる。なかには「久寿餅工場」の看板を掲げている建物もあって、ここにも製造の現場が息づいていることを知る。

終点の小島新田駅は、やはり鉄道名所としてマニアの間では知られている存在。駅前に巨大な跨線橋

神奈川臨海鉄道の線路をゆく貨物列車

がかかっていて、神奈川臨港鉄道、ＪＲ川崎貨物駅の広大なヤードが見渡せる。日によって、貨物機関車が行き来したり、長く連なる貨車が置いてあったり、見渡す限り何もないということもある。ただ、遠くには炎をあげて稼働している石油化学工場の設備や、夜間の作業を照らす巨大な照明灯などが見えて、鶴見線とは別種の工業地帯の風景が見られる。

駅の近くには、工場に勤める人たち向けの飲屋街もある。そして、駅の横のブロック塀上には、以前にもこの場所で見かけたノラ猫を発見。小島新田駅の猫駅長さんのような風格だ。今度はまた、ここに夜の貨物駅と工場の景色を見に来よう。

小島新田駅駅前のブロック塀上で何度か見かけた猫

鶴見線

浅野
海芝浦支線との分岐駅のため、安善方面と海芝浦方面のホームは別になっている。駅名の「浅野」は、鶴見線（鶴見臨港鉄道）を設立した浅野財閥の浅野総一郎の名前による。

安善
貨物の引込線がたくさんあり、なにがしかの貨物列車が見られる魅力的な駅。安善は安田財閥の安田善次郎の名から取った駅名。

武蔵白石
駅近くの運河からの東京湾の眺めはいい。かつては近辺に海水浴場があり、その最寄り駅だった。「武蔵白石」は日本鋼管の創業者白石元治郎にちなむ駅名。

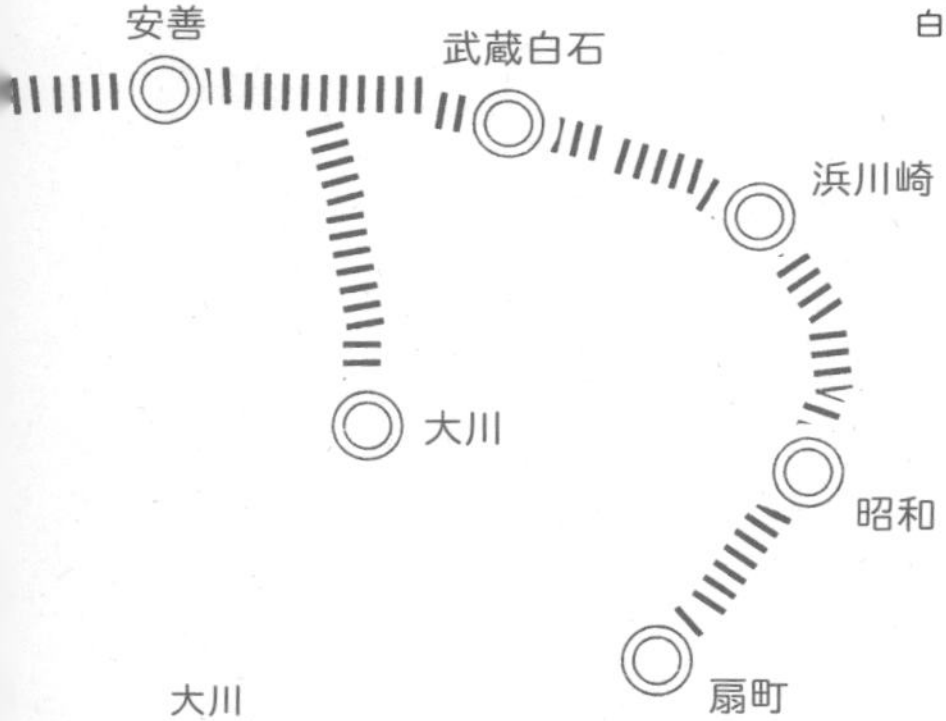

浜川崎
鶴見線ではもっとも浜川崎行きの列車が多い。駅の外には貨物ヤード、そして南武支線の浜川崎駅がある。工業地帯のちょっとした鉄道ターミナルになっている。

大川
大川行きの電車は朝夕を除き、日中ほとんどない。したがってこの駅には行ったことがないのだが……。昭和電工や三菱化工機、日清製粉などの工場がある。

昭和
駅名に感じ入るが、これは昭和電工（駅発足時は昭和肥料）の工場があるため。浜川崎から昭和、扇町までは単線区間となる。

扇町
猫のいる駅として有名。ふてぶてしいが人なつこい猫が遊んでくれる。駅ホーム先には引込線が続いていて、貨車が並んでいる。

鶴見

京浜東北線と鶴見線が停車。鶴見線は駅を発つと8本のJR線路、2本の京急線路を巨大な鉄橋で跨ぎ、いきなりの鉄道パノラマに圧倒される。

国道

鉄道マニアの間で人気の高い駅。アーチ状の回廊のある構内は昭和の廃墟のよう。ホーム屋根の金属製アーチもレトロな感じだ。駅名の「国道」は、駅前を第一京浜国道が通っているから。駅を出ると電車はすぐに鶴見川を渡る。

鶴見小野

駅周辺は工場街というよりは住宅街。このあたりの地主さんが小野さんということで名付けられた駅名。

新芝浦

駅の外はすぐに東芝の工場。

弁天橋

駅周辺には巨大な旭硝子の工場群。線路沿いには鶴見線の車庫。ブルーとイエローのストライプの電車が並んでいる。

海芝浦

駅ホームからは海(運河)の眺め。こんな駅はなかなかない、ということで関東の駅百選にも選ばれている。

京急大師線

港町
川崎駅を出た電車は多摩川沿いに進み、一駅目は港町。と言っても駅前に港があるわけではなく、川崎競馬場がある。

川崎大師
初詣で有名なお寺。長い長い参道商店街にはくずもち屋さんが何軒もある。駅前には「京浜急行発祥の地」記念碑。明治32年に六郷橋（現・港町駅付近）と大師駅間が開業している。

産業道路
駅前には、文字通りの「産業道路」の踏切があり、トラックや大型車両がひっきりなしに通ってゆく。

鈴木町
駅前には味の素の工場。味の素の創業者鈴木三郎助の名前から「鈴木町」駅となったのだが、昭和４年の開業当時は「味の素前」という駅名だった。

東門前
川崎大師の東側の門前という意味の駅名。

京急川崎
川崎は、鶴見と比べたら巨大な街。ここでも京急の駅は、JR駅とはちょっと離れたところにある。２階が京急本線ホーム、１階が大師線のホームだ。

小島新田
海岸だった土地を、江戸時代に、地元の名主・小島さんが新田開発したので、小島新田。駅前の“いつくしま跨線橋”からは広大な川崎貨物駅が見渡せる。

東京シブい私鉄の旅

あっという間に終点に到着。
短い編成の牧歌的な電車に乗って、
小さな散歩に出かけよう。

西武多摩川線

ギャンブル電車ではなかった……

JR中央線の武蔵境駅から出ている西武多摩川線。久しぶりにこの駅に来てみると、駅も駅前も風景一新。中央線が高架になったのに連れて、西武多摩川線のホームも高架になっている。以前は地上のホームで競艇場行きの武蔵野のすれっからし電車みたいな印象を漂わせていたのだが、車両もホワイトカラーに塗装されて、駅の雰囲気とともになんだかイメージアップしている。

高架上の武蔵境駅を出発するが、電車はたちまち地上の単線の線路を走る。もともとは多摩川の河川敷で採取した砂利を運搬する「ジャリ電」だったのだが、今の沿線は落ち着いた住宅街。車窓から見えるのは、畑と戸建て住宅だ。

停まってゆく駅は木造で構内踏切があるところが多く、昭和の面影を残している。

新小金井—多磨駅間には野川公園や多磨墓地があって、ICUや東京外国語大学、アメリカンスクールなどもあるインターナショナルな文教地区だ。この電車は、多摩川競艇、府中の東京競馬場行きのギャンブル電車という先入観を持っていたのだが、それは大いなる誤解だったことを認識する。

武蔵境から五つ目の終点・是政

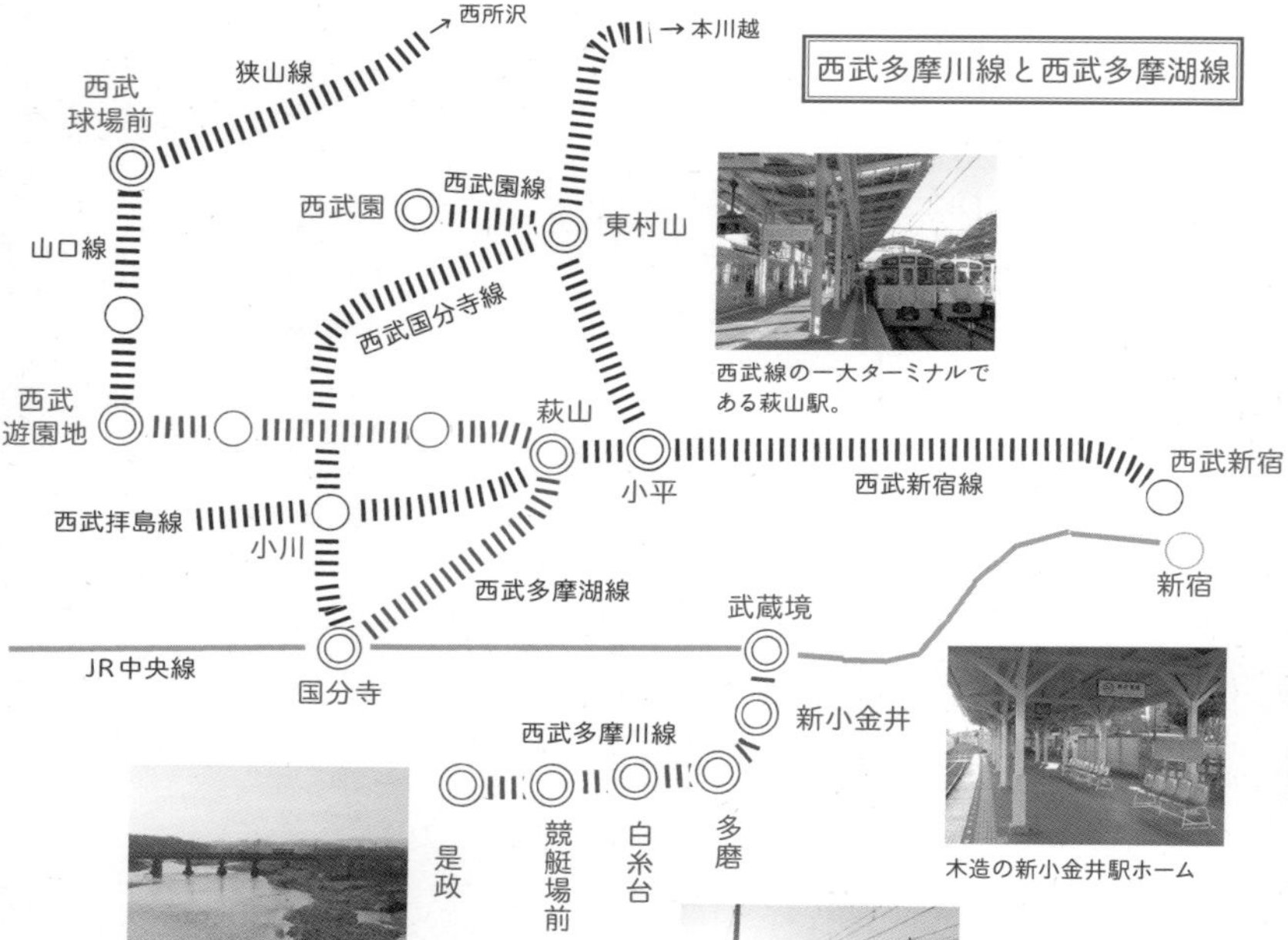

西武線の一大ターミナルである萩山駅。

木造の新小金井駅ホーム

是政橋から多摩川を眺める。EF65がやってきた

白糸台駅で電車はすれ違う

駅に降り立つと、駅前には多摩川の是政橋が架かっている。川景色の背景には多摩の山並みが見えて、どこかの地方都市に来たような眺め。上流側には南武線と武蔵野貨物線の鉄橋が架かっていて、車両が行き来するのが見える。

なんだかすばしこい小さな車両が走ってきたのでよく見ると、貨車を牽いていないＥＦ65機関車だった。武蔵野貨物線はこの先で長い長い地下トンネルに入り、川崎の梶ヶ谷貨物ターミナルに至る。この是政橋からの眺めは、都内でも貴重な貨物の眺望ポイントでもあるようだ。

西武多摩湖線

伝説の湖と観覧車

国分寺駅は西武線のちょっとしたターミナル。西武多摩湖線、西武国分寺線という二つの路線がここから出ている。ただ、この二線のホームの位置はほぼ直角に交わっていて、多摩湖線は西武遊園地、国分寺線は東村山と、それぞれ異なる終点を目指す。気まぐれな鉄道旅行者としてはどちらの電車に乗るべきか迷う。

結局、優柔不断な私は、多摩湖線、国分寺線両方の電車に全線乗り、多摩湖線のほうが旅気分・遠足気分を味わうにはおすすめという結論を得た。

国分寺駅発の多摩湖線は、ほとんどの列車で三駅目の萩山が終点となっている。三両編成の電車に乗車すると単線の線路は住宅街を進み、萩山駅手前で絶妙なカーブを曲がりながらホームに進入する。

終点の西武遊園地駅で降りると
駅前から観覧車が回っているのが見える

終点まで行くつもりがこんな手前で降ろされては困るのだが、この萩山駅は西武線の一大ネットワーク基地となっていて、二面三線あるホームにはひっきりなしに西武新宿線や拝島方面への電車、それに多摩湖線の電車が入ってくる。

萩山で西武遊園地行きの多摩湖線に乗り換えると、地上の踏切の多い線路を走ってきた電車は、今度は築堤の上を走り、今までとは違った沿線風景を見せてくれる。

終点に着いて改札を出ると、そこはまるで別世界。観覧車とジェットコースターのある本格的遊園地、そしてあまりにも広大な多摩湖（村山貯水池）が広がっている。その昔、志村けんが東村山音頭で「庭先や、多摩湖」と歌っていたこの伝説の湖(?)には、小学生の頃に遠足で来たような気もするが……。地図を見るとすぐそこは埼玉との県境。ここまで来たらさらに西武線の世界を極めたいという気分になる。西武遊園地駅からは西武球場前駅行きの西武山口線（レオライナー）も出ているし、萩山まで戻って西武拝島線、西武新宿線で武蔵野の西を追究するのもいい。

京成金町線

柴又散歩に出かけよう

以前、葛飾柴又に行くのに何度か乗ったことがある京成金町線。

金町駅付近の下町っぽい踏切

柴又駅で電車はすれ違う

京成金町線

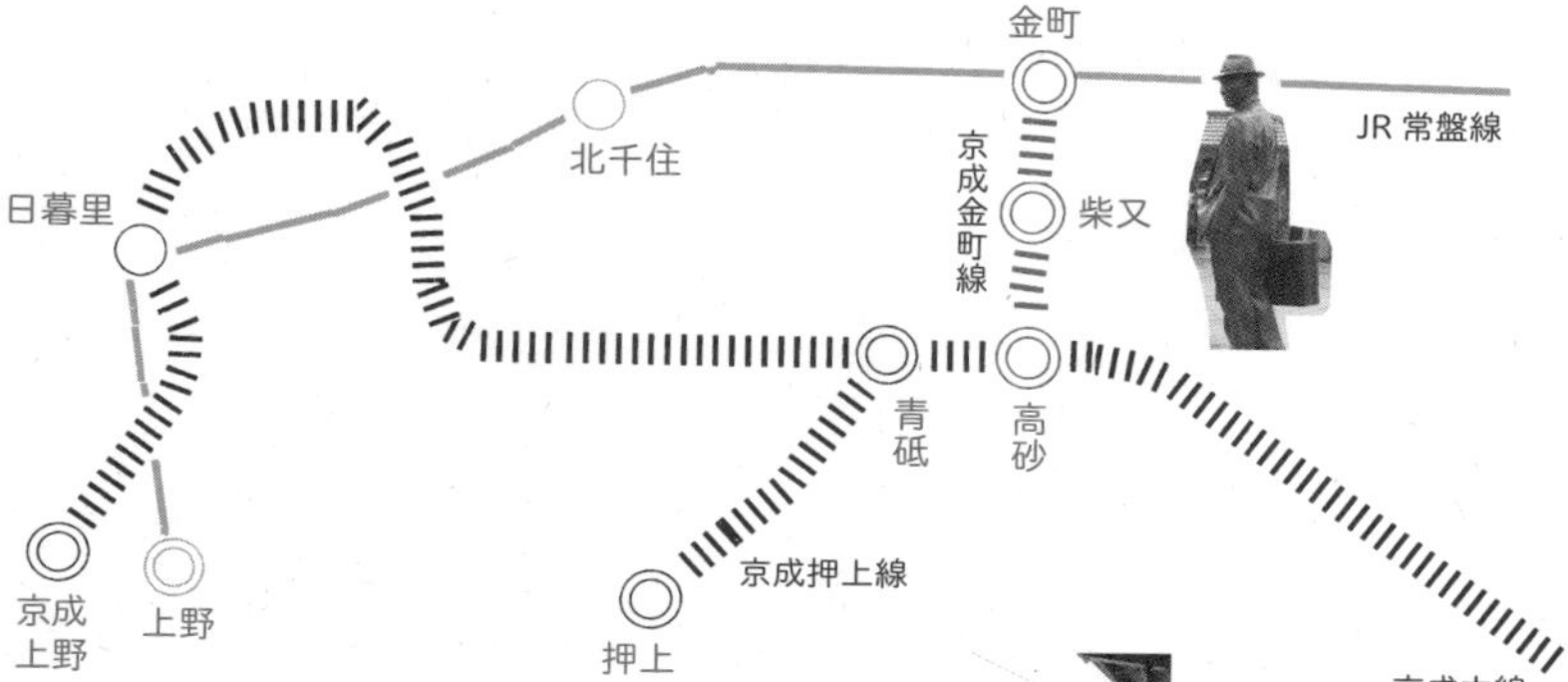

ずんぐりした3300系の車両がかわいい

単線区間と複線区間のあるたった三駅の短い路線だ。京成本線の京成高砂駅から出て、柴又、金町が終点。四両編成の電車がガタンゴトンと葛飾の住宅街を走っている。

柴又駅前から帝釈天参道を歩む。
寅さんの町の雰囲気を味わえる

　高砂駅に来てみると、ここでも金町線ホームが高架化されていて、とまどう。しかしなんのことはない、高砂駅を出た電車はあっという間に地上を走るようになり、以前に何度か通ったことのある街並みを抜けてゆく。

　電車の路線名は金町線だが、そのハイライトは唯一の途中駅である柴又だと言えるだろう。起点と終点の高砂と金町には一線しかホームがないのだが、この駅には上り下りの二線のホームがある。

　私が初めてこの柴又という駅に降りたった一九九〇年代には、寅さん＝渥美清も健在で、寅さん映画の撮影のたびに柴又の町でロケが行われていたはず。今はなんだかリアルな寅さんの銅像が駅前の広場に立っている。

　帝釈天の参道を歩くと、団子、飴、漬物、うなぎやどじょうなどの川魚料理の店が並んでいて、なんだか楽しい。けっこう立派な境内の帝釈天にお参りして、本堂裏に出ると江戸川の土手。ここで川景色を楽しむのもいい。

東急多摩川線

眺めのいい小さな路線

　東横線以外の東急線にほとんど乗らない私にとって、目蒲線がいつの間にか目黒線と多摩川線に分断されていたのは衝撃だった。歴史を調べると、それは平成十二年のこと。まだ地上にあった頃の田園調布の駅で、ガマガエルみたい

東急多摩川線

沼部駅のアーティスティックなホーム

武蔵新田駅は昭和の時代を彷彿とさせる

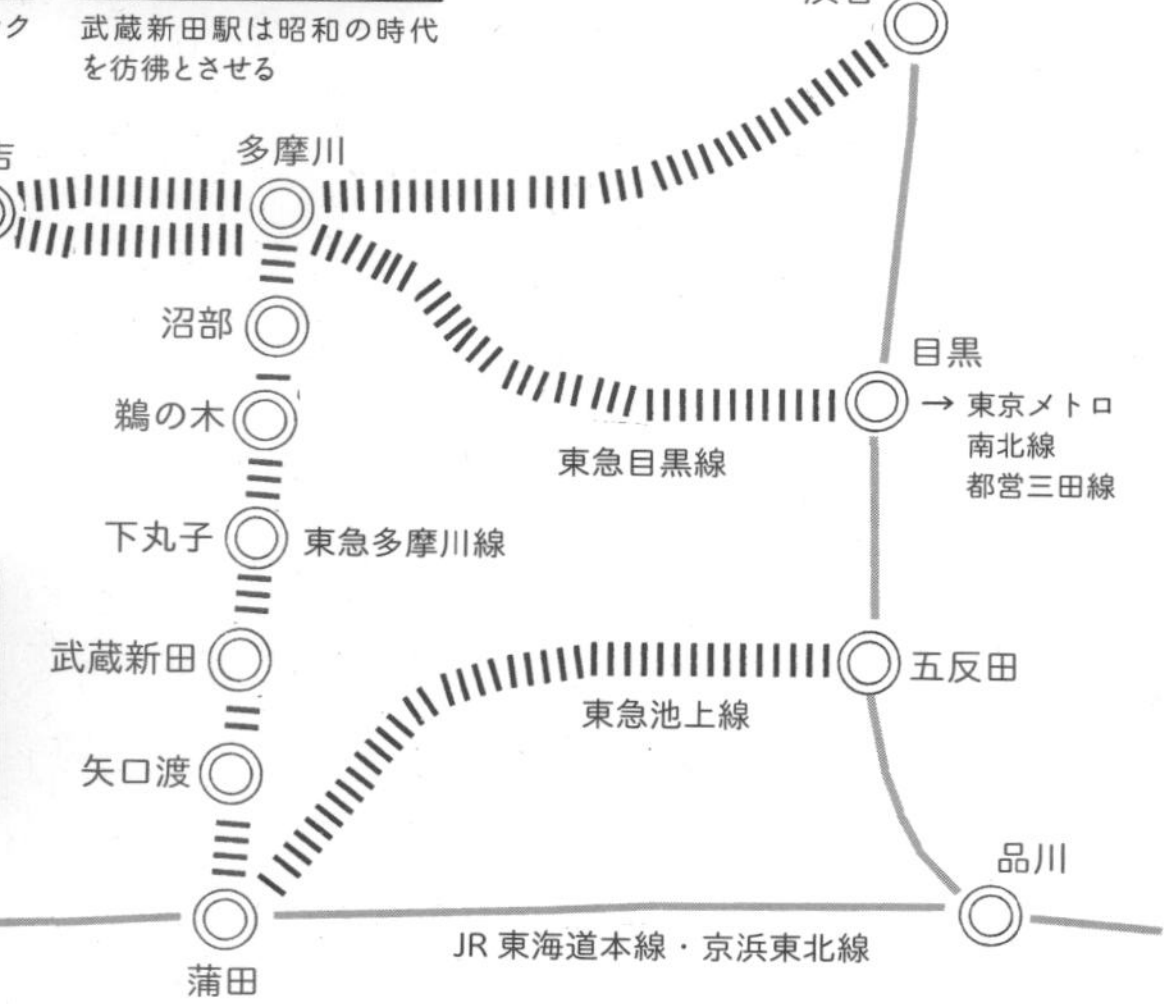

蒲田駅の富士山型ステンドグラス

な緑色の目蒲線電車を見かけるのはほほえましい風景だったのだが、それも昔の話となった。

今は目黒ー田園調布間の目黒線は地下鉄で都心につながって華麗に転身、多摩川ー蒲田の多摩川線はなんだか盲腸線のような風情になった。こうなってみると、それも目蒲線（多摩川線）の宿命のような感じもする。

以前は多摩川園駅だった多摩川駅。この駅ホームから小さな遊園地が見えたのはやはり子どもの頃の記憶だ。今は地下に新設された多摩川線のホームから電車に乗ると、線路は多摩川に沿いながら進んでいく。

一駅目の沼部は、とても好きな駅。ホーム上を東海道新幹線の高架が跨いでいて、新幹線の行き来が間近に見えるからだ。のんびりした多摩川線と猛スピードの超特急がクロスする風景は絶妙。駅からは河川敷も近く、多摩川の土手から新幹線と横須賀線鉄橋を眺めるのもいい。

電車はさらに鵜の木、下丸子、武蔵新田、矢口渡と多摩川のほとりらしい駅名をたどって蒲田へ至る。それぞれの駅前には必ず踏切があり、にぎやかな商店街が広がっていて、川沿いには工場やマンション、線路沿いには古くからの住宅街という構成の町並みが続く。

多摩川線とともに池上線の終点でもある蒲田は、東急の駅でも渋谷以上とも思えるような立派なターミナル。一部鉄道マニアには、大阪・梅田の阪急電車のターミナルにもなぞらえられているらしい。私が「蒲田の富士山」と勝手に呼んでいるカラフルなステンドグラスのある駅構内は、ある種荘厳な雰囲気をたたえている。

東武亀戸線

昭和な風景とスカイツリー

亀戸と東武伊勢崎線の曳舟駅を結ぶ東武亀戸線は、失礼ながらついつい忘れられがちな存在。曳舟駅で東武線や半蔵門線を乗り換えると、隅っこのホームに二両編成の車両が停まっているのを見つけ、「あの電車何だっけ?」と毎度のように不思議に思ってしまうのだった。

しかしこの亀戸線こそ、かつては、関東の巨大私鉄会社・東武の本線と目されていたホープだったのだ。今日東武線と言えば、伊勢崎線か東上線が都内ではメジャーだが、そのどちらもが全通していない昔、この亀戸線を東京都心につながる東武のメイン路線としようという構想があった。亀戸で今日のJRである総武線につながって都心に乗り入れられるからというのがその理由なのだが、その野

東武亀戸線、東武大師線

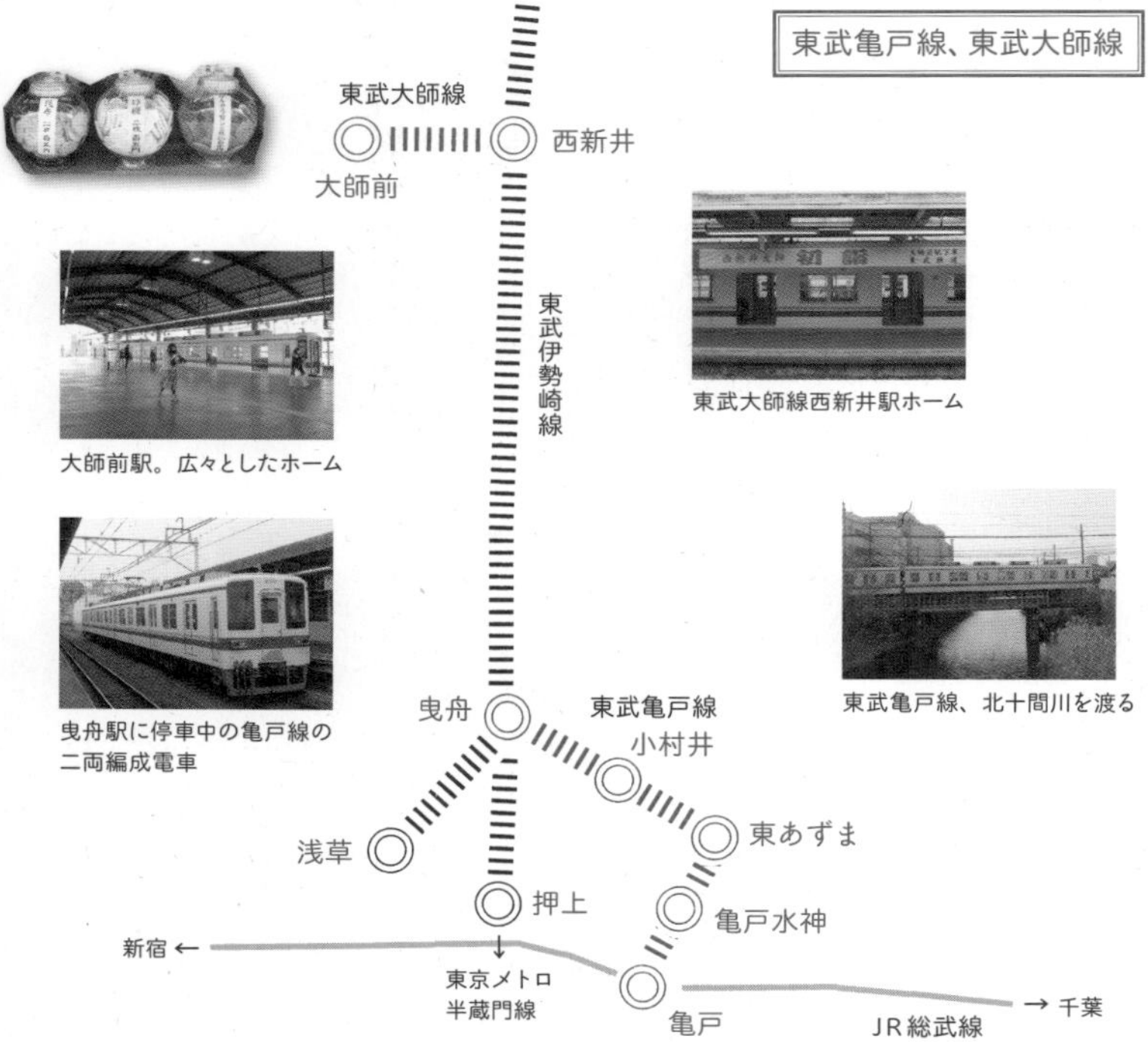

大師前駅。広々としたホーム

東武大師線西新井駅ホーム

曳舟駅に停車中の亀戸線の二両編成電車

東武亀戸線、北十間川を渡る

望も途中で挫折。その遺産である複線の立派な線路を、今も電車が行き来している。

曳舟駅の高架ホームを出ると、やがて電車は地上へ降りて、小村井、東あずま、亀戸水神、亀戸と、たった四駅で終点に至る。

東あずま、亀戸水神には、今は貴重なものとなった構内踏切があって、昭和の鉄道の雰囲気を味わえる。途中の亀戸水神駅近くには北十間川という小さな川を渡る鉄橋があって、その橋の両側に踏切があるのは、なかなか素敵な風景。電車を降りてこの場所まで歩いて行ってみるのもおすすめだ。

浅草からも近い曳舟と、両国に

近い亀戸。どちらも隅田川沿岸のエリアに属しながら異なる個性の町を結ぶ。その沿線のどこからも、押上・業平橋の東京スカイツリーがよく見えて、これが東京の東側の新たな巨大ランドマークであることを再認識する。

東武大師線

ひと駅だけのお詣り電車

　東武伊勢崎線西新井駅で電車を降り、違うホームの電車に乗り換えてたった一駅、大師前まで行くというのが、東武大師線。

　この電車ができたのは昭和六年。その頃はお寺詣りが重要な娯楽だったから、一駅だけでも電車を通したのかと思っていたが、実は、この線路で東武伊勢崎線と東武東上線を結ぶという、壮大な構想のもとに建設された路線なのだった。

西新井大師門前のだるまの店

　西新井駅を出た大師線は、意外なことに高架上の線路を走って、大師前駅に着く。初詣の時以外は混雑しそうにない大師前駅だが、お正月の初詣の人出を想定してなのか、やけに広々としたホーム。大きなガラス窓からは、すでに西新井大師の境内の建物が見えている。

　駅からお寺の間にはけっこう楽しい門前町が広がっていて、団子、煎餅、だるま屋さんなどが軒を並べている。実は京浜急行にも大師線という路線があって、あちらの大師様は川崎大師なのだが、その門前町の名物はくずもちだった。

　年末に訪ねた西新井大師は初詣の準備中だったが、春にはボタンや藤の花が名物という。その季節にはまた大師線に乗ってこの町に来てみようと思う。

私鉄特急スタンプラリー

大人だって押したいのである

鉄道各社で「スタンプラリー」が開催されていると、とりあえず参加したくなる。とは言っても、夏休みの子ども向けアニメキャラものや、全線踏破ではない主要駅のみのヤワなスタンプラリーは、私の趣味じゃない。乗ると言ったら全線乗る、全駅で降りてスタンプを押す、そういうハードで正統的なスタンプラリーが好きだ。

　東京あたりで一番メジャーなスタンプラリーと言えば、毎年夏ＪＲ東日本

西武ニューレッドアロー（右）

西武ニューレッドアロー

で開催されている「ポケモンスタンプラリー」。これは、大船、八王子、熊谷、土浦、千葉まで関東一円を踏破しなければならないという点では、まったく私好みなのだが、夏休みのＪＲ駅でおかあさんと一緒のお子様の群れがスタンプ台の周りに群れているのを見ると、私にはさすがにそこに並ぶ根性がないことを実感する。以前に踏破した東京メトロスタンプラリーでも、スタンプ台の行列の前後に子どもに並ばれると、「アラフォー女の人生、果たしてこんなことをしていてよいのか」と、心が折れそうになったものだ。

　そして今年も、スタンプラリーの季節、夏がやってきた。熱中症になりそ

うな真夏のある日、京成日暮里駅で私が発見したのは、「私鉄特急スタンプラリー」のスタンプブック。条件反射的にそれを購入した自分に、やはりこのラリーを遂行すべきなのだ、という運命を感じた。

　このスタンプラリーは、開通したばかりの成田スカイアクセスを走る新型スカイライナー、そして小田急ロマンスカー、西武ニューレッドアロー、東武スペーシアという都内発の私鉄四社の有料特急に乗り、主要駅でスタンプを押してくるというものだ。特急に乗って、成田空港、片瀬江ノ島、本川越、そして東武線においては鬼怒川温泉まで行かねばならない、かなりハードなラ

東武スペーシア

京成スカイライナー

リー内容となっている。これで、京成の駅で見かけてかなりカッコいいと思っていた「新型スカイライナー」に乗る口実もできた。いきなり発車時刻ぎりぎりのスカイアクセスの窓側の指定券を買って、列車に駆け込む。

　160キロのスピード、真新しい車体、車窓から見える千葉の田園風景は美しい。今までのスカイライナーは、赤青ストライプが格別ラブリーなAE100形で、私の愛用路線だったが、これに新型も加わり京成のダブルスタンダードは、より強力な布陣となった。

　そして次に制覇しに行ったのは、西武鉄道「ニューレッドアロー」。小学生の頃、家族でレッドアローで秩父に行って以来の乗車だ。今回の目的地は

西武池袋線の秩父方面ではなく、新宿線の終点である本川越。西武新宿線は

ほとんど高架がなく、沿線は田園風景が多くて私の好むところ。そこを特急で駆け抜けて40分で本川越に着くのは、意外な快感だった。

東武線鬼怒川温泉行き特急は片道約2時間。浅草の松屋デパートでお弁当を買って乗車する。スペーシアはＪＲの線路から見ていて外観はカッコいいと思いながら、乗車するとちょっと古びた感じがする。一九九〇年のデビューから二十年も経っているのだから、致し方ないか。なにしろ東武には私鉄特急の女王・デラックスロマンスカーを走らせてきた歴史がある。東向島駅ガード下の東武博物館の屋外には、１７２０系「けごん」が展示してあって、その堂々とした姿を見たら、「こんな女王様を走らせてきたなんて、東武ってすごい！」と素直に思う。

小田急 片瀬江ノ島駅

京成新スカイライナー

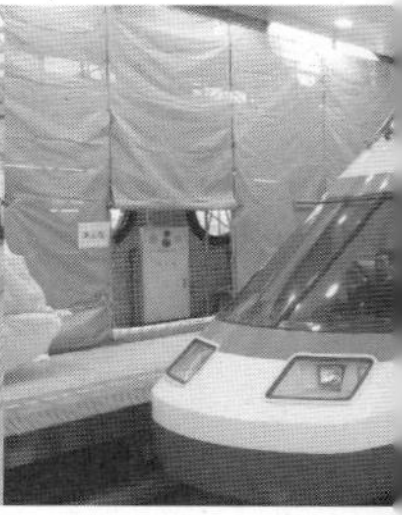
小田急 HiSE

伊勢崎線・鬼怒川線沿線の景色は、坂東太郎こと利根川の雄大な流れや、日光街道の杉並木、大谷石の蔵のある家並みなど、趣きがあってよい。

関東私鉄特急のもう一方の雄は、小田急ロマンスカー。最近の圧倒的人気車種は二〇〇五年にデビューしたＶＳＥだという。私もこの機会にぜひＶＳＥに乗ってみたいと思い、時刻表を調べてＶＳＥを運用している列車の指定券を買う。

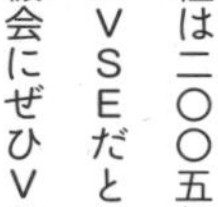

待ちかねたＶＳＥ乗車の日、駆け上

がるようにホームへと行くと、なぜかそこにいたのはVSEではなく、地下鉄を走る青いロマンスカー、フェルメールブルーのMSEだった。かなり拍子抜けしたが、MSEも乗ってみたかった車両なので、「ま、いいか」と素直に乗車する。最新という意味では、二〇〇八年デビューのこちらのほうが目新しさはあるのだ。

　車内は窓も大きくてインテリアも洗練されていて快適。満足のうちに町田に至り、そこからは各駅停車で最終目的地の片瀬江ノ島に到着。しかし、やはり私はどうしてもVSEにも乗りたい。帰路は、片瀬江ノ島発の特急にはVSEはないので、町田で一時間ほど時間をつぶし、ついに果たした初乗車。

小田急 VSE

小田急 MSE

VSEはなつかしのミュージックホーンをピーポーと鳴らしながら、ホームに入ってきた。姿形は真新しくても、ロマンスカーは、私が子どもの頃から「特別な電車」であったことを一瞬にして思い出させてくれるのだった。

　ところで、私鉄特急スタンプラリーだが、駅でスタンプを押しているのはほとんど大人。男性が多いが、女性だって何人も見かけた。この企画（子連れの特急旅行×四回）は、不況下において、お子様のいる家の家計に厳しすぎたのかもしれない。

コンプリートしたスタンプ帳。
2010年の夏の思い出

博物館へ行こう!

鉄道博物館

◎劇的空間へ GO!

さいたま市大宮にある鉄道博物館。東京からはちょっと遠いのだが、電車とモノレールのようなニューシャトルを乗り継いでも、わざわざ出かけていく価値のある場所だ。2007 年に開館してから、もう何回も行ってしまった。

広大で薄暗い空間での展示は、イギリス・ヨークにある鉄道博物館を参考にしたのだとか。蒸気機関車や特急電車、貨物機関車や貨車、御料車、通勤電車、新幹線など、たくさん本物の車両が並んでいて、この空間に入り込むと、自らの鉄道魂がふつふつと煮えたぎってくるのを自覚する。

私が特に好きなのは、貨物のコーナー。「戸口から戸口へ」と書いてある国鉄時代のコンテナなど見ると、子ども時代に見た鉄道風景を思い出して、グッとくる。通勤電車、ボンネット特急のコーナーも、昭和的な魅力に満ち満ちている。

そしてやはり新幹線のコーナーはいい。特別扱いされているのは、東海道新幹線の０系車両。「夢の超特急」とネーミングされ、専用個室に収まっている。このほかにも東北新幹線の200系、かつての交通博物館の入口付近にあった０系のカットモデルもあって、この場所では毎度、新幹線とともに歩んで来た自らの人生にしみじみ感じ入ってしまうのだった。

２階の「模型鉄道ジオラマ」はＨＯゲージ（在来線は縮尺1／80、新幹線は1／87の鉄道模型）では日本最大級の横幅25メートルという大きさ。運転時刻に合わせて、あまたのお子様連れにも負けずに観覧しよう。

１階のエントランス付近にあるシミュレーターも激戦区。夕方になってもいつも混んでいて人が群れているので、知らない人にへぼい運転を見られるのが恥ずかしい。なかでも日本初のＳＬシミュレータ（予約制・有料）というのは、超むずかしそうだ。

大宮は関東一の規模を持つＪＲ工場のある鉄道の街でもある。鉄道博物館へは、東京から、京浜東北線、東北線、埼京線、湘南新宿ラインなど、さまざまな行き方があるが、新幹線で大宮までというのも、気分が盛り上がってよい。

◎私のおみやげ◎

てぬぐいは
オリジナル柄

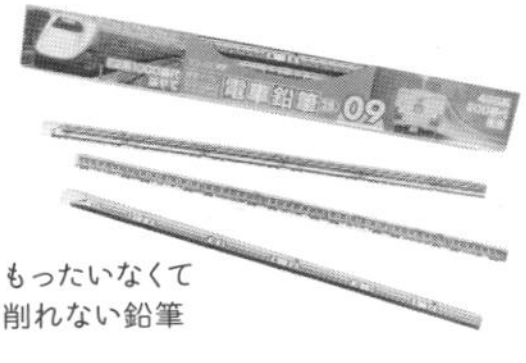

もったいなくて
削れない鉛筆

ワッペンは
何につける?

マイ箸に新幹線

読書の友

オシャレな小銭入れ

所在地◎埼玉県さいたま市大宮区大成町3-47
電話◎048-651-0088
開館時間◎10:00~18:00(入館は17:30まで)
休館日◎毎週火曜、年末年始
入館料◎一般 1,000円/小中高生500円/幼児(3歳以上未就学児)200円
アクセス◎JR大宮駅よりニューシャトル「鉄道博物館(大成)駅」下車、徒歩1分
http://www.railway-museum.jp/

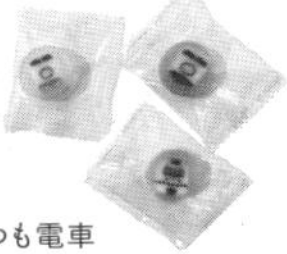
おやつも電車

ピンバッヂは
何個あっても嬉しい

◎女王様に会いたい

東京23区内にある唯一の私鉄会社の博物館、東武博物館。その展示内容を見ると、東武鉄道という会社が関東の私鉄の雄として、ずばぬけた営業内容と歴史を持ち合わせていることがわかる。

博物館があるのは、東武伊勢崎線の東向島駅高架下。東向島はかつて永井荷風の「濹東綺譚」の舞台・玉ノ井というシブい土地柄だ。

ここに会社の設立90周年を記念して、東武博物館が開館したのが1989年。2009年夏に、創立20周年を機にリニューアルし、新たに「ネコひげ」の愛称のある5700形の特急電車、東武最初の電気機関車ED101形などが展示された。緑の芝生が敷かれた中庭にいる「ネコひげ」はやはり可愛らしく、この場所にこの車両を置いたセンスは、なかなかのものと思う。

館内には旅客・貨物用の時代ものの蒸気機関車や、大正時代に浅草（現在の業平橋）一西新井間を走っていたという木造の電車などが展示されているほか、博物館屋外の道路沿いには、東武が誇る特急電車の女王様・デラックスロマンスカーの1720系「けごん」などもある。このクイーンは、貫禄があって優雅な車両。実際に走っているところを一度は見てみたかったものだ。

東武鉄道の営業範囲は関東一円に広がっている。館内奥にある鉄道パノラマも、それを現した巨大なもので、隅田川や東京スカイツリー® なども配置した作り込まれたものだ。

入場料200円のわりには内容充実。東京の東方面に鉄道町歩きに行った時にはついつい寄っていきたくなる博物館で、私も今まで4回ほど訪ねている。

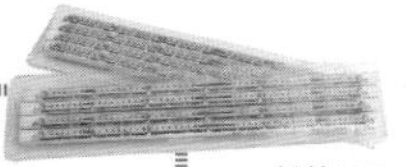

所在地◎東京都墨田区東向島4-28-16
電話◎03-3614-8811
開館時間◎10：00～16：30（入館は16：00まで）
休館日◎毎週月曜（月曜が祝日・振替休日の場合は翌日）、年末年始
入館料◎おとな200円／こども（4歳から中学生まで）100円
アクセス◎東武伊勢崎線東向島駅下車（駅のとなり）
http://www.tobu.co.jp/museum/

鉛筆はお土産
の定番

ティッシュを煙に見立てた脱力系
ティッシュケース「鉄ッシュぽっぽ」

地下鉄博物館

懐かしいブリキのおもちゃ

◎元運転士さんに運転を習う

東京メトロの博物館である地下鉄博物館は、東西線の葛西駅の高架下にある。地下鉄博物館が「地上」にあるのは、なんだか不思議にも思えるのだが……。

ここでもっとも魅力的な展示物は、銀座線と丸ノ内線の保存車両だろう。私の世代にとっては「これぞ、まさに地下鉄」という、初代銀座線と丸ノ内線の車両が展示してある。

丸ノ内線の赤い電車というのは、やはりかわいいものだ。車内にも入れるようになっていて、サーモンピンク色の壁、えんじ色のシートを見ると、子どもの頃の「丸ノ内線での銀座へのお出かけ」の思い出が一気によみがえってくる。

一方の銀座線はレトロ調。車内には昭和モダンな洋装や和装の服装の人形が並び、車両が停まっているのは「うへの」駅という設定だ。

このほかにも、ここにずらっと歴代の営団地下鉄の保存車両が並んだらいいのに、と思う。日比谷線を走っていた3000系は、昭和30年代における未来指向を思わせるデザインだったし、つい最近まで東西線を走っていた5000系の車両（昭和39年デビュー）も、高度経済成長時代の歴史を背負っている感じでカッコいいのだ。

館内には地下鉄のトンネルの掘り方など建設技術についてや、全路線の運行を把握する総合指令所の様子などの展示があって、そのなかで私がもっとも興味深く見入ったのは御茶ノ水駅付近の地上と地下を断面で見られる模型。高層ビルの地下構造物や神田川などの間を縫って、丸ノ内線と千代田線の線路と駅が、どのように建設されているかがわかる。

そして、この博物館でも運転シミュレータは人気で、いつも子どもが群がっている。このシミュレータは、以前に取材で訪れた時に体験したことがある。元運転士のキャリアも持つ副館長さんの指導のもと、初めての地下鉄運転に臨んだ私は、千代田線の地上区間において駅の停止位置をオーバーランさせ、大いなる恐怖と運転の難しさを感じた。鉄道運転士、それは私が絶対やってはいけない職業だ……。

所在地◎東京都江戸川区東葛西6-3-1 東京メトロ東西線葛西駅高架下
電話◎03-3878-5011
開館時間◎10：00～17：00（入館は16：30まで）
開館日◎毎週月曜（祝日・振替休日となる場合、その翌日）、年末年始（12/30～1/3）
入館料◎大人一般210円／小人（4歳以上中学生まで）100円
アクセス◎東京メトロ東西線葛西駅下車1分
http://www.chikahaku.jp/

クリップ！

東西線の駅名セロテープとテープカッターのセット

あとがき

最近、鉄道は流行りものだ。女子がトレンドを押さえている自分を主張するのに、「私ちょっと鉄子ちゃんなんです」などと言っているうちはまだかわいい。一方で、「今度取材したいのは、国分寺の鉄道総合技術研究所」「最近あった一番いいことは、新幹線ドクターイエローを目撃したこと！」などと発言して、周囲をドン引きさせている私。このままこの趣味の深奥に入り込んでいったら世間からますます変な女と決めつけられてしまうだろう。しかし、こうなったらこれからの人生、「鉄の道」を突き進んでいくしかないような気もする。

この鉄道本プロジェクトは、二〇〇九年夏に始動したもの。そして昨年夏、新卒で入社してからずっと勤めていた会社を辞めた。

会社に行かなくてよくなった私がとりあえず日課にしたのは、この鉄道本の取材だ。七、八月の炎天下、一眼レフのカメラを持ち、ポカリスエットを飲みながら、毎日のように鉄橋の写真を撮りに出かけた。そしてまた、私鉄特急のスタンプラリーを遂行し、山手線全駅のホームはじっこからの眺めを確認し、駅や線路脇で貨物列車を待ち伏せ……。

実は生来気が小さいので「会社を辞めて、毎日鉄橋の写真を撮っていて、女の人生これでよいのか？」と、かなり激しく感じていたのだが、今考えるとそこには妙な開放感と幸福感があったような気もする。

永年東京をテーマにした雑誌を編集していたので、とりあえず都内の鉄道はさまざま乗っていたし、車庫や貨物駅などふだん入れない場所にもあちこち潜入した。しかし、実は私、恥ずかしながら、東京以外の鉄道をほとんど知らず、これから日本全国に打って出ようという鉄道趣味初心者なのだ。

自由業となり、ますます無軌道になった人生。自らを律する意味でも、鉄道という巨大システムにこの身をゆだねていくつもりだ。

鈴木 伸子（すずき のぶこ）

東京生まれ。東京女子大学卒業後、雑誌「東京人」勤務。１９９７年より副編集長、２０１０年退社。都市、建築、鉄道、町歩きなどをテーマに執筆活動を行う。著書に『大人の東京散歩 昭和を探して』『東京の地下鉄ぶらぶら散歩』『鉄道沿線をゆく 大人の東京散歩』など。

グッとくる鉄道

2011年5月14日　初版第1刷発行

著者　鈴木伸子

装幀　飯塚文子

カバー・扉イラスト　ホセ・フランキー

編集　大嶺洋子

発行人　孫家邦

発行所　株式会社リトルモア

〒151-0051　東京都渋谷区千駄ヶ谷3-56-6

tel:03-3401-1042　fax:03-3401-1052

http:www.littlemore.co.jp/

印刷・製本所　図書印刷株式会社

Printed in Japan

ISBN978-4-89815-307-9 C0095